性教育與靈性

莉莎・羅美洛 著
陳脩平 譯

我們共同的責任
——性別與性在社會裡的健康發展

人智學世界觀・社會教育 02

性教育與靈性

我們共同的責任
——性別與性在社會裡的健康發展

Sex Education and the Spirit:
Understanding Our Communal Responsibility for the Healthy Development of Gender and Sexuality within Society

出版者：三元生活實踐社
作者：莉莎・羅美洛（Lisa Romero）
翻譯：陳脩平
編輯：洪明香
行銷：孫承萱
封面繪圖：蘿拉・桑默（Laura Summer）
排版印刷：知己圖書股份有限公司
初版：2021 年 6 月初版
ISBN：978-986-97160-9-3
定價：新台幣 380 元

三元生活實踐社
出版品勘誤表，
敬請不吝賜教指正。

性教育與靈性：我們共同的責任——性別與性在社會裡的健康發展 / 莉莎.羅美洛（Lisa Romero）著；陳脩平譯. -- 初版. -- 宜蘭縣冬山鄉 : 三元生活實踐社, 2021.06
面； 公分. --（人智學世界觀 ; 2）

譯自：Sex education and the spirit : understanding our communal responsibility for the healthy development of gender and sexuality within society

ISBN 978-986-97160-9-3（平裝）

1. 性教育 2. 性別研究 3. 心理衛生

544.72 110008028

三元生活實踐社
www.threefoldlivingstudio.com
http://threefoldliving.blogspot.com/
Email: threefoldlivingstudio@gmail.com
269 宜蘭縣冬山鄉香和路 257 巷 35 號

Threefold Living Studio 三元生活實踐社

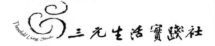

目次

出版者的話

青春期到青少年期是人生中一個巨大的轉折與過渡，身體上、心理上、精神上經歷一層又一層的蛻變，才漸漸「成人」（成為人類）。

在這段期間裡最明顯的變化莫過於身形、性徵、性意識和批判思考能力覺醒，以及個性變得鮮明。而這幾個現象內內外外其實是環環相扣的，共同塑造一個人的個體化特質。

本書從性別和性切入，探討這些身心靈相互連結的議題。在進入作者精闢的論述之前，關於翻譯語詞上的說明，以下四點希望可以預先為各位建立一個正確而開放的基礎及視野。

1. 人智學用語：soul 譯為「心魂」而不是以坊間常見的「靈魂」，這是為了要與 spirit 譯為「靈性」作出區別，人類的身、心、靈三個組成部份，心指的是心魂（soul），包含人類所有的情緒、感受、思考、意欲、動機等，靈指的是靈性（spirit），是人類的核心本質、自我的存在源頭。

2. 若無特別指定的情況下，全書以「他」或「他們」作為人稱代名詞，統稱男女雙方，不限定為男性。

3. sexuality 譯為「性」或「與性相關的」，本書作者常用 sexuality 而少用 sex，後者在現代英語的語義變遷中已變成指涉具體的性行為、性活動，而前者除了生物學或心理學層次的意涵，另外有社會學上和文化上的多個層次；若本書出現 sex 這個字，仍譯為「性」，例如

sex education 譯為「性教育」。gender 譯為「性別」，這個字在現代英語裡的指涉不同於傳統的用途——在文法裡表示名詞的陰陽性或中性。一九五〇年代，紐西蘭心理學家、性學家和作家 John William Money 賦予這個字新義，係指「不僅包含男性和女性的身體與行為方面，還代表一個人如何在個人的和社會的行為舉止方面表達自己，以及人們如何看待自己。」（引自阮芳賦教授〈英語 Sexuality 的漢譯和華人性觀念的革命〉一文，翻譯自 Vern L. Bullough：〈關於性別：研究與意涵〉（A matter of gender: research and implications），第二屆亞洲性教育研討會，二〇〇四年八月於台灣高雄）。

4. 關於社會教育請參考本社出版之《華德福學校的精神》，重新思考成人、社群、整個世界看待性與性別的態度，不是嘴上說的，而是真正心裡想的；以及《守護生命之火》提及十二～十六歲危險的斷層階段，從腦部發展角度觀察。本書則是談到青春期的生理面向與青春期的心魂面向有一段時間差，也提及人智學的內在發展道路等。

本書作者多次引用魯道夫・施泰納（Rudolf Steiner, 1861-1925）的話語。施泰納根據自己的研究提出「人智學」，意思是「關於人類的智慧」，開啟了現代的、普世性的「靈性科學」，任何人只要願意鍛鍊清晰、不偏頗的思考都可以學習這門科學。

施泰納也對許多人類生活的面向提供了建言，包括教育（一般性和特殊教育）、農業、醫學、經濟、建築、科學、哲學、宗教，還有藝術。今日，全球有上千所學校、診所、農場及其他組織依照施泰納的原則在進行實務工作。

前言

當代的重大變遷之一是人們對性別和性（gender and sexuality）的認知發生集體轉變。因為這些變化出現在地球上每一個角落、在每一個人的日常生活裡，我們不可避免地要對這個議題進行個人反思。即使感覺這些事情對個人生活沒有影響，我們仍然要面對整體環境的變化或多或少、以不同的形式對我們每個人的衝擊。這些改變已經出現，將來也會持續影響我們的教育系統；這些變化已經在作用，未來也會持續衝擊我們的社群生活，因此，每一個人都逃避不了這個議題。

因為這無可迴避的變遷發生在整體人類的進展裡，我們常面臨這個問題：此種變化是朝向進步的嗎？作為個人、社群一份子、整體人類的成員，所有這些變化是在幫助我們的演化嗎？這些轉變真的是為了我們的成長與發展嗎？人們也或許會問：「從個人靈性生活的角度去看，我們該如何理解發生在更大社群裡的事情呢？」

每當世界局勢出現整體的變化，具備靈性世界觀的人們會試圖以其靈性的目光去觀察這些現象，並且問：「我們是否有機會更深入地探索這些現象，以便能提供一些靈性洞察？這些變局是否使得靈性意圖在世界裡有更深刻的顯化呢？」

現階段，大約有七十億人居住在地球上，其中大多數人都認同某種靈性生活，這是很有趣的現象。有些人透過宗教上的祈禱，有些人在集體的信仰中認知到靈性的存在，有些人在相當小的團體裡維繫他們的靈性生活，還有另一些人與他們自己掌握到的靈性實相保持十分個人化的連結。

人們對於靈性的信念或理解是相當多樣而分歧的，然而，其中也有一些重疊而共通的環結，其中一個例子是，人們認為一個人不只是一具生理的、物質的身體。

關於靈性這件事，無論一個人的思想學派、宗教背景、性情傾向或習得的信仰為何，我們可以辨識出一個共通、一致的意見，那就是人類的存在超越外在可見的、物質的身體。所有人都同意我們不只是物理成份，我們也不只是一堆化學作用的組合。

在人類社會和生活的許多領域裡，人們抱持著不同的觀點。這些分歧的看法帶來莫大的衝突。這些衝突顯現在不同宗教之間的紛擾、不同種族之間的鬥爭、不同階級之間的分裂等。無論我們生來是什麼種族、宗教或階級，我們都避不開在性別和性這個領域裡的分歧。

在所有造成衝突的領域裡，性別和性所造成的隔閡與割裂是最嚴重的；若我們能夠在性與性別相關的議題裡真正地理解彼此，若我們能夠跨越這個議題中的多樣和差異，克服人們心中的偏狹和不寬容，這樣的社會理解便能幫助我們面對隔閡日深的其他生活領域。沒有任何團體可以自外於當代在性別和性領域裡的種種議題，這其中發生的變遷是整體性、普世層級的。

一九九〇年代晚期，我開始一系列在靈性生活啟迪下的性別研究課程。當我回顧那時我所提出的觀點，還有我現在所談論的內容，我意識到這項工作在這段期間以來發生了很大的轉變——不只是這項工作變得不同了，它也變得更重要了。我們如何生活、如何與其他人互動，這不只影響我們的外在生活，也觸動我們的內在和靈性生命。

關於我們的社群生活和教育系統，我領悟到一件事：若我們以不符合這個時代靈性需求的事物去約束人們，因而侷限了個人的發展，那便是限縮了人們的能力，使他們無法參與那些作用於整體人類並帶領朝向進化的靈性力量。

伴隨著人類的成長和發展，我們對於靈性世界的認知也應該前進和擴張。我們已經從過去「全知全能的神」單方面掌握人類生命所有細節的那種概念中走出來。現在的人們為生命負起更多個人責任，我們依照自己在靈性方面的學習，做著自己認為真確、和諧、良善的事情。

人類演進的每一個靈性紀元都有其獨特的任務，支持整體的進化朝向愛與自由的方向。世界在我們之中、也透過我們而成形。人性在我們之中、也透過我們而更加完整，並且更加深刻地表達出鮮活的精神和神聖的生命。

現在，我們必須以全新的眼光認識彼此。現在，我們必須開始把其他人當作獨立個體——尊重每個人的獨特性，每個人都有某些能力、才華、天賦，可以貢獻於持續進步、向前演化的人類社會——這樣的社會不是靈性的荒蕪之地，而是在社會發展的進程中，更充份地彰顯出靈性。

許多踏上內在發展道路的人會問到關於性別和性方面的事。在深刻的靈性生命裡，性這件事有著什麼樣的位置？與性相關的事如何影響人們的靈性生活？多年來，我從靈性的觀點出發，從事性別與性相關的教學工作，也引導人們學習冥想之道，我發現以嶄新的方式面對年輕人是很重要的。

今日，年輕人的性別和性教育必須主要來自社會教育[1]（social education）——也就是圍繞他們身邊的成年人把智慧活出來，化為具體的表現。今日，一般學校提供以生物和生理學為基礎的性教育課程已不足夠，成長中的孩童需要完整的教育才能為他們的身體和心魂健康提供正向的影響。當所有年輕人都在社群媒體裡學習到關於性別和性的知識時，教育中的社會元素變得更加重要。我們別無選擇，必須在教育裡回應成長中的年輕人，以促進健康的方式去支持他們，提供真實的社會圖像，去制衡這些媒體裡常見的偏頗與狹隘的觀點。

有許多方式可以表達來自靈性的智慧。在這本小書裡，我試圖尋找普世人性的「共同基礎」，以回應這個來自人性的探問：性與性別在人生中的定位為何？如何從靈性出發，適切地認識性與性別相關的議題？共同的社群意識當然深深影響著我們如何教養下一代，以及我們是否能夠共同開創出性別與性教育的健康形式。

1 譯注：此處所指的社會教育不僅是社會教育機構所提供的學習活動，而是包含了家庭教育、學校教育和離開學校體系之後由生命經驗中所得到的學習，不只包含正式的課程或訓練，更強調一個人與周遭環境的互動、由人生際遇而來的體悟，以及從自己的反思和修練中所得到的學習。參考《華德福教育的精神》，三元生活實踐社出版。

第一章

教養男性和女性

靈性生活是我們對存在的深刻信念和認知，會影響我們的物質生存。靈性信念和原則指引並形塑我們的內在心魂生命。存在於我們內心生命裡的事物是社群生活、社會生活或社會結構之基礎。我們的靈性生活在我們如何耕耘內在世界方面扮演了重要角色，同樣地，社會整體的外在影響也會形塑、作用於我們的內在世界。這部份是作為個別成人可以改變，但兒童卻無能為力的。所有兒童都是由其周遭社群教育著的，如此說來，我們所有人都是下一個世代的教育者。

雖然內心世界對每一個人來說都是獨一無二的，我們經歷到自己的個體性（individuality），也是唯一僅有的，但是，透過社群生活才能讓一個人表達自己，並為整體的社群意識做出貢獻，於是也促成整體人類的演進。即使每個人的靈性生活可能相去甚大，但有一些共通的不變原則，這些原則就像橋樑一樣，跨越、連接人與人之間，結合成整體的社群生活和社群意識。

在學習和發展靈性世界觀時，多數人共享的基本圖像之一是人類有靈性或神聖的一面。在此一圖像之下，我們認同所有人類都是同胞手足；**在靈性之中**，所有人皆生而平等。不論在社群裡的生活情況或社會地位如何，我們都參與著存在於我們之中的神聖生命，從上帝或靈性的眼光來看，我們都是一樣的。

在各種靈性流派和宗教裡，我們可以看到人與人之間另一個共通的面向，那就是在我們的個人意識之上、之外或者超越我們個人性的部份，還有神性，那是意識之中的神聖面向或神聖特質。我們可以努力去認識神聖靈性、神或偉大意識，與之親近或合而為一。

理解到我們可以更靠近上帝、神性或偉大意識，這帶領我們去探索修練之道，在修練中，我們發展出與靈性世界的關係。這是所有人類的另一項共通性——在每一種信仰、宗教或靈性流派裡都會出現特定的條件、律則或標準，供人們持守和實踐，以深化個人與神性之間的關係。個人接納這些約束，是為了能與自己或群體的信仰，或是某個特定的修行法門之中所提到的偉大意識、神性、上帝、至高靈性等連結得越來越深。

有些信仰裡有許多法則或規範，有些則比較少。在每一個信仰或靈性團體裡，每一位參與者以不同的程度，在個人的基礎上操練著這些戒規。有些人很少祈禱或冥想，有些人每天進行這些鍛練，還有些人一日數次禱告和冥想。在每一個宗教、信仰或靈性團體裡，雖然參與者之間有著共通的絲線，連繫著彼此與特定的靈性生活源流，但沒有任何人和別人以完全相同的方式修練或追尋那道途。

這些共通的絲線可見於不同的靈性團體裡，也作用在成長中的孩童身上，影響著他們如何學習關於社群生活的事物，並融入周遭的社會結構。作為一名教育者，如果我們想知道孩子在不同的發展階段中內在發生了什麼，想知道如何能最恰當地教導他們社會生活中的每一件事，在與孩子工作時，前述的那些因素是相當基本的考量。

靈性世界真實存在，而我們都是靈性世界裡的成員，這樣的想法並非不常見，然而，我們每一個人與靈性世界建立關係的方式可能十分不同。這就是我們所謂達到與神性合一的能力。在一些宗教裡，這稱之為「共融」（communion），或在其他的宗教裡，稱之為「合一」（oneness）、「涅槃」（nirvana）、或「人類意識與神性結合」（unification）等。

無論以什麼方式稱呼，靈性實相是我們可以觸及的，因為那是我們從靈性世界的更高領域所帶來的真實。雖然，在我們成長進入物質身體的過程中，我們可能忘卻原本自然「知道」的事，但在年幼的孩子身上，此種認知仍然留存一段時間。

塵世成熟

1. ○到七歲

人類可以說是由靈性生命下降進入物質塵世的，孩童緩慢地達到「塵世成熟[1]」（earth ripe），然後漸漸成為人類社群整體意識中有所貢獻的成員之一。在那之前，一個人更強烈地活在介於靈性世界的治理原則和周遭物質世界的經驗之間，雖然是更強烈，但也是在無意識裡。從出生到七歲之間的人，仍在永恆的靈性生命實相之影響裡，這段期間的孩童主要是透過「與周遭世界連結合一」的靈性原則在學習。從七到十四歲，孩子由連結合一的原則轉換到從社群生活的法則或條件中學習到更多，而這社群是他們在其中成長也即將進入的地方。

我們常聽到人們說，在生命的頭七年，孩子是透過模仿在學習，每個孩子都是模仿者——他們的一舉一動描摩著周遭世界的一切。但模仿的意思是什麼？從世俗的觀點來看，模仿就是單純地「複製」，因為那就是「模仿」這個詞的意思。從科學的角度來看，模仿被視為鏡像神經元的作用。從靈性的角度來說，幼童所經歷的是殘存的靈性能力，就像一個人在深度的靈性活動中會經驗到的情況。那個情況就是：**我把自己的意識與他人的意識連結在一起——我與其他人不是分離的**。在物質世界的領域裡，我在這裡、你在那裡，兩人之間有著絕對的分隔。在靈性世界的領域裡，所有都**在之中**；我**在裡面**，或是說，這個與那個存有或這個與那個意識彼此之間是相連的。當我們說孩子是模仿的存在時，其真正的意義是孩子的意識仍然穿透、滲入在周遭其他形式的意識之中。就好像雖然孩子已經離開靈性世界，但之前在那裡的生命習慣仍然保留了下來。模仿其實不是在「複製」另一個人的所作所為，不是我們一般以為的那種「依樣畫葫蘆」；而是孩子的意識仍然在靈性法則的運作之下，他們經驗到合一與共融。

作為成人，我們有著強烈的自我導向、堅定的自我立場，我們很難想像年幼的孩子活入他們周遭環境之中。我們看到小孩投入身旁的世界，我們看到小孩尖聲喊叫，他們捶胸頓足，想要的就一定要。但事實上，他們的意識與其周圍環境混融在一起，這就是他們模仿行為的來源，不只是單純地複製。這是從出生到七歲之間幼童的內在經驗，這是他們的實相，對幼童來說，雖然誕生在這世界裡，他們仍然共振、回響著「天人合一、物我交融」。

今日，當教育體系面對性別與性的教學議題時，我們必須問：我們如何能真正教導這件事？當我們知道年幼的孩子主要是透過模仿在學習時，面對零到七歲的孩子，我們就不會再想以理智的方式去教性別和性相關的事，而是應該以身作則，把想教的事情**活出來**。對幼童來說，真正的教育是在環境中活存著的事物。我們已經知道幼兒教育是他們身歷其境體會到的，這些事物會根深蒂固進入幼兒內在。研究指出，孩子成長到六歲時，社群裡的性別刻板形象已經銘印在他們心版上了。

這個原則適用於幼童的所有社會教育過程。存在於他們所處環境之中的事物就成為他們真實的教育。幼童的深層學習不是來自理智的教學，而是透過他們所模仿的環境。他們透過**活入他者之中**得到學習，這不只是複製而已。幼童格外強烈地活在週遭成人的心魂氛圍裡，特別是那些在他生命中有著重要地位的成人。即便孩童出生到這個世界上，身體是和他人區隔開來的獨立、個別的軀體，但他們的心魂尚未完整封包進入自身之中。這可能會使孩童的主要照顧者覺得自己的任務艱鉅而感到畏縮，因為成人可能會意識到，為了真實地、自由地教育孩子，而不是把個人的偏見或錯誤傳遞給下一代，他們必須學習去覺察自己內在存有的那些事物。當我試著去覺察自身的偏差與錯誤時，雖然孩子仍然持續經驗到那個錯誤，但他們也會感受到我試圖轉化這些陰暗面的善意和努力。

2. 七到十四歲

下一階段的兒童發展，也就是七到十四歲，他們已經從無意識地活在他人心魂氛圍中的這種狀態，發展到更多是活在他們自己的氣質和組織構造裡，但他們仍然運用靈性原則，並從中學習，雖然現在這些靈性原則已經有了不同的質地。他們對權威者有所期待，他們相信權威者代表他們可以信賴的真實，因為在靈性世界裡就是這樣。在神聖的靈性世界裡，所有的掌權者都是真理的權威，是值得信賴的[2]。再一次，這會讓作為主要照顧者的成人感到任務艱鉅而畏縮，因為成人必須呈現出真實的事物並讓兒童感到值得信任。因為外在權威對這個年紀的孩童有影響力和感染力，在提供性別和性教育時必須是有益健康的，並且以和諧的方式去進行，這點格外重要。在生命早年接觸到情色資訊或圖像會令幼童受到衝擊和驚嚇，這是人類的普遍經驗。作為教育者，我們要把和諧與健康帶進來，去調和這些有傷害性的影響，這些傷害是「其他教育者」例如媒體、同儕、科技等所帶給幼童的。

因為這些影響已經進入孩童的世界，因此我們必須為孩子帶進一些和諧的圖像，我們給予的方式也必須要配合他們的意識發展。有兩個原則幾乎是所有宗教和靈性流派通用的：其一是我們與神性保持著連結，其二是直到十三、十四歲為止，有一股導引的力量迴響於兒童內在，這股力量一直持續到魯道夫・施泰納（Rudolf Steiner）所稱的**塵世成熟**為止。

3. 十四歲之後

今日的塵世成熟發生在十四歲左右，在那之前，兒童與神聖原則和靈性法則連結在一起，然後他們進入人世、審度周遭，發現人們在這世界裡的所作所為與靈性世界裡的生活有很大的差異。這樣的落差可以說明青少年對外在世界的抵抗和反叛，特別是，若年輕人在他所處的社群裡，沒有看到成年人努力去把靈性真理帶入塵世存在。若孩童沒有看到他們的社群努力朝向改善這個世界，那麼青少年就會叛逆、對抗這個社群。這樣的叛逆變成一股分散心神的力量，持續到二十多歲末期，在有些人的情況裡，這股轉移的力量會使人偏離，使此人一直無法走到對整體社會有所貢獻和影響的方向上。

年輕人下意識裡與週遭世界衝撞著，這種不和諧在某種程度上是健康的，因為這世界與年輕人心魂深處所知的靈性真實相去太遠，與人性所可能發展到達的程度相差太大。

整體社群是否朝著進步的方向，這不能用外在現象去覺察，也無法如此向年輕人解釋。它沒有單獨的跡象、徵候可供尋找。社群的進展表現在我們如何投身於外在世界，並為整體而付出自己。例如表現在我們對自己工作的熱愛，或是我們協助其他人的能力。青少年會辨識在他們面前的成人是在奉獻自己，還是在為自己索求。

當孩子開始進入青春期，我們最常從純生理的角度去看待這件事。人們從生物、心理上的轉變，以及賀爾蒙的作用去認識青春期。性教育的課堂上從生物學的角度談論月經週期、變聲、身體長毛、體味改變，以及孩子在身體和情緒上發生的許多變化，這些都被當成賀爾蒙的波動所帶來的直接效果。這些變化在女孩的月經及男孩的變聲達到頂點，全都被視為生物過程。

然而，青春期也有心－靈的面向，那對社會的演進有著更大的影響。若我們考量一個人進入他的身體，漸漸由靈性世界下降進入塵世，那麼從心－靈的角度來看，青春期意味著孩子開始成為能夠轉化外在世界的人類社群之一員。他們開始能夠運用自己所帶來的特質和能力為這個世界付出。

每一個世代與每一個人都為人類帶來一些新的事物。青春期只是這個過程的開端，這個過程揭露出每位孩子是怎樣的人，還有他們要為這個世界帶來什麼，雖然人們很不容易覺察出這個新的禮物，但這個開端仍然很重要，因為孩子漸漸成為對整體意識有貢獻的一份子。因此，某種程度上，更廣大的人類社群也要為青少年的教育負起責任。

透過此種「青春期的心魂面向」，青少年所帶來的、由靈性世界下降而來的新動能，以一種強烈的方式與上一代的、較老舊的脈動結合在一起。舊有的形式想要維持既定的樣貌，新與舊之間無可避免地會有衝撞，特別是當年輕人所帶來的新生動能不見容於社群內已建立起來的常規，此時便會產生扞格。

年輕人從靈性世界帶來的事物，要把人性向前推進，當他們把這些個人脈動表現出來而遇見整體社群時，社群卻想要依照其既有的價值去形塑、模鑄年輕人，兩者之間時常發生磨擦。這些衝突不只帶來外在的叛逆，也造成心魂的內在動盪，例如憎惡或沮喪等情緒，特別是當青少年無法與致力於推進人類社會向前的成年人真實相遇時。即使下意識裡，年輕人也總是在某些方面與周遭的世界格格不入，因為他們「被允許」帶進社會裡的遠不及他們所知的靈性真理所能達到的。

在「塵世成熟」的階段，我們**如何**與年輕人相處，透露出整體社會意識進展的程度，以及我們如何由舊有的形式進入到年輕人所帶來的新脈動中。

青春期的生理與心魂層次

對許多年輕人來說，當今這個時代的人們仍然只把生殖器官當作繁衍的工具，這是很荒謬的。當我們強加自己的意圖在年輕人身上，想要把他們的青春期變成一個特殊的事件（或許是因為青春期在我們自己的心裡是以一種不平衡的方式存在著），這樣做並沒有支持到年輕人正在經歷的過程，這個歷程是在整合非常自然的身體經驗。

在現代，對年輕人來說更加重要的是，我們要聚焦在幫助他們開展作為獨特個體的內在能力：他們所保有的特質、他們要帶給世界的，以及他們如何影響這個世界。

青春期的生物面向有其重要性，我們要以自然、和諧的方式對年輕人呈現這個面向，以符合他們這個世代的特色與本質的方式教給他們這些生理方面的變化。我們也需要提點青春期的心－靈面向，這些心－靈事物已經在青少年的內在覺醒了。邀請青少年進入社群生活是朝向開展每個人真實潛能的一步。特別是針對十四到十六歲之間的年輕人，讓他們帶著熱切的興致參與周遭的世界，沒有什麼比這更有幫助的了。透過這樣的參與，他們看見由自己內在流瀉出來而注入這個世界的事物，也感知到其他人如何把個人的天賦與才能帶入外在世界，如此他們可以開始衡量自己在世界上的位置。

這個過程要花費數年，他們一方面從世界中學習，一方面也為這個世界「付出自己」，直到年輕人可以像成人那樣以自我意志引導他們的內在能力注入這個世界。

到了十三、十四歲左右，大多數孩童在生物上都達到可以繁衍後代的程度了；然而，要為另一個人的福祉負起責任所需要的能力遠超過生物上的成熟度。

即使在青春期的生物面向上，我們也看到一個重要的「徵象」——人類不只是物質身的存在。我們知道，更高層次的人性活動所需要的並不只是一個人達到青春期的發展狀態，這與過往文化時期的情況很不同。

遠古時代，在所有的文化裡，青春期都意味著一個人完全預備好為社群生活負起責任。這代表著一個人已經可以結婚、生子或工作。現在的孩子，有的早在九歲就有初經了。身體的青春期與心魂的青春期有著顯著的差別；而心魂的青春期與有意識、自主地個人發展又有一段距離。

當我們的靈性成長持續開展，了解青少年的身體雖然已經成熟，但在心—靈層次上，他們還沒預備好承擔這麼多責任。我們再一次共同開始去認識人類的演進；人們現在了解青春期不只是生理方面的變化，還有更多的內涵。

在人類的演進中，我們走過不同的「心魂時期」或「紀元」，在不同的階段裡，作為人類個體的演化重點由一種心魂能力前進到另一種。魯道夫．施泰納在他的著作《奧秘科學大綱》[3]（An Outline of Esoteric Science）裡對這些紀元有深入的介紹。我們現在所處的發展紀元以其特質可稱之為「意識心」（consciousness soul）或「自我意識心」（self-consciousness soul）的年代，在這個年代裡，為了建立我們的能力以便承擔伴隨成年而來的責任，我們最需要發展的面向就是自我意識。成年的指標不再只看物質身的成熟，應該這麼說，物質身的成熟只不過是青少年要進入下一個發展階段的開始，在這段期間，若善加陪伴與支持，青少年便能進入健康的成年期。

若去細察年輕人的心魂本質，就會發現**在生理的層次上**，青春期在每個人身上以各種不同的方式、在不同的年紀發生，而且，這些變化與遺傳、飲食、環境因素等綜合影響有關。然而**在心魂的層次上**，我們辨識青春期的來臨是當一個人開始想把內在的事物帶入周遭的外在世界時——所有青少年都在大約十四歲左右出現這個傾向，無論生理層面的青春期在何時啟動。

首先，青少年掙扎著學習表達他們的內在世界，還有他們希望如何把內在事物帶進世界裡。我們感知到他們的內在生活是生嫩、原始而脆弱的，而青少年的內在生活表現在兩個極端之間的不同程度：一端是脆弱，另一端是粗糙。即使是同一個人，他們有時木訥寡言，幾乎說不出自己的內在感受，有時又滔滔不絕、口若懸河，或是介於這兩極之間。所有的青少年都怪里怪氣，也都缺乏自信，對於要開始試著把私密的內心世界與外在世界聯繫在一起，他們感覺彆扭和不自在。

年輕人要帶進世界的「那樣事物」並不是被培養或調教出來的；而是從他們之前參與靈性世界的過程中就已活在他們裡面的。每一個人內在都帶著轉化和推進世界的能力，即便只是在很小的程度上。在青春期的心魂面向上，我們開始辨認出每個人的真實本質——那位從童年期走出來、清醒而進入青春期的人是誰——那並不是由一個人的後天教養所決定的。

於是，我們得以領略在「自我意識心」的年代裡，年輕人必須經歷的「成年」和成年禮應該有怎樣的面貌。這些全都關乎要發展出一種能力，為深藏於內心深處的事物找到與外在世界的連結。年輕人似乎已經在試著做這件事，他們把社群媒體當作自己的平台。若這是他們可以對人群表達自己的唯一場域和管道，他們就只能面對和承受來自同儕及他人的嚴苛批評，因為這些人並不想去擁抱，而是要摧毀青少年。

在這個朝向自我表達的新過程裡，有一個理想的做法就是讓年輕人選擇他們的導師（mentor，指導者、諮詢者），那是他們願意跟隨學習的人，或是在工作的專案上可以支持他們的人。若這位導師不是家庭成員或父母的親近友人，年輕人會更能感受到自己被廣大的社群環繞、擁抱。這可以讓他們發展出與另一位社群成員之間的獨立關係，成為年輕人踏入社群的橋樑，下一步才是面對廣大社群發表和分享。此時，社群裡的成年人便能辨識出，這位孩子就是他們在尋找的、他們之中的一員。事實上，是社群讓青少年轉成大人；我們不能只依賴父母或是血緣親族做這件事。

作為社群的一份子，我們見證這些年輕人的成長過程，他們也是社群的一份子，我們在心裡相信他們擁有某樣要提供給社群的禮物，即使我們或許還無法覺察那是什麼，於是我們也知道自己的責任是要去支持和陪伴年輕人活出他們內在的渴望。

陰性力量 v.s. 陽性力量

古老傳統下的成年禮是十分不同的，因為那時的人們活在不同的人類心魂發展階段裡。在人類的演化歷程中，我們在不同的面向上工作，那些面向是世界需要得到發展的部份。現在的狀態——人類與週遭世界的關係——是人類演化在早期文化紀元裡的發展成果。舉例來說，過去的人沒有辦法把內在世界區分成思考、情感、意志等不同領域。這種能力需要長時間的培養。現代人已經把這樣的內在生活視為理所當然，為了達到這樣細緻的程度，遠古以前的人類必須努力鍛練自己，讓內在發展達到新的境界，以推進未來的世界演化。

我們擁有這樣的能力，可以充滿活力地去體驗這個世界，是因為之前的人類已經努力發展出這些能力。我們可以出於個人意志在世界裡有所作為、帶來影響，也是因為此種才能已在更早之前由過去的人發展出來。

我們可以回顧古老的啟蒙儀式，並觀察我們現在所擁有的能力是在哪些秘儀之中發展出來的。一開始，人們只有微弱的能力，作為一個自立自足的存在去經驗和面對外在世界，這樣的能力由後來的一些人持續發展著，他們被給予一些鍛鍊，並被教導去觀察和體驗大自然裡的外在世界，並讓這些事件作用在自己身上。這些人開始發展出更深入認識外在世界的內在能力，他們讓外在世界所給予的體驗穿透自己的內在世界，喚醒內在的想像。這些人在學習發展的是陰性的力量（feminine forces）。部族裡的其他人則對抗著外在世界，勉力地鍛練自己的意志，以抵抗外在元素，於是在自身和外在元素之間創造出清晰、明顯的界線。他們學習發展出陽性的力量（masculine forces）。這些啟蒙儀式比較不是「成年」的慶典，而是一種向前進化的任務，一旦青少年成長到能夠承受這些儀式，他們就會受邀參與。

在遙遠的古代，人們必須經過鍛練才能區分意志的力量與感受的經驗，因為這些心魂活動都還在其「種子的形式」裡，還不受到個人的掌控和治理。男人與女人分開參加各自的啟蒙訓練，為了給所有未來的人類一個特定的任務。

許多人發展著陽性力量，他們用自身意志去對抗元素[4]，在這個過程中，他們得以澄清自己與周遭世界的關係。由此所得到的能力是去定義什麼是外在於我的，並且把外在事物與我是什麼區分開來。這種可以對外在世界造成作用、產生影響的能力讓我們現在可以發展個人化的意志——現代人認為這是理所當然的。

同樣地，陰性力量是透過感受經驗的生命去發展的。由纖細微弱的想像力開始，經過長時間的發展，變成現在的人所擁有的能力，也就是成為

能夠感受的存在，這樣的存在可以去體會外在表相背後的特性和本質。

我們都有感受的能力，透過我們的情感生命可以體會其他人想向我們表達的，我們也都有創造的能力，透過意志可以施加作用於世界上。我們擁有這些能力要感謝前人推進演化的努力。我們每一個人都可以連結那存在於所有人性之中的感受能力和意志能力，雖然人與人之間有著程度上的差別。

因為早期人類推進人性演化所付出的努力，我們現在都可以透過個人的意志去經驗到自己內在的一個靈性元素，我稱之為「永恆的男性」（eternal masculine），也就是健康的自我感。透過把自己交付給外在的印象，我們能夠體驗到「永恆的女性」（eternal feminine），也就是獻身和熱愛的能力。

在內心體驗著外在世界，讓外在世界穿透我們、感動我們，這種現代人視為理所當然的能力是過去的人類發展鍛練出來的。能夠影響外在世界，把個人的意志體現、化為現實，這種我們認為天經地義的能力也是過去人類努力的成果。

帶著這樣的認識，我們便會深深地感激並尊敬古老的文化，它們現在仍閃耀在原住民族身上，我們可以支持這些人維護他們的文化。

當青少年達到塵世成熟時，雖然他們已經在成長和教養的環境中受到社群法則的制約，但他們仍然保留著與真實靈性認知接觸的通道。我們要支持他們把內心和精神深處的事物帶向世界，因為在那樣的深處仍然迴響著靈性實質。

這當然不只代表對事情擁有自己的意見，在我們的外圍人格中都不乏種種對世事的見解。但此處所談的是指分享與表達我們內心最深處的思維與感受，並透過行動去展現我們的思維與感受，關於我們期待這世界如何前進和發展。

若我們以為青少年的內在世界只有自我滿足、自我放縱的傾向，那麼我們並不真的認識青少年。在他們內心深處，他們深刻關懷著人類的福祉。我們知道若讓年輕人完整、健康地發展，在十四到二十一歲之間，他們會想為了人類的光明未來而付出、效力。

雖然人們常以為我們需要一些社會方案才能在社會裡帶來正向的變革，但其實我們真正需要的是新的社會態度——認知到人類不只有身體存在。我們仍然太固著於外在的、物質主義的思維，當我們遇到其他人時，立刻就把他們分門別類、貼上標籤。我們要做的反而是去認識每個人的靈性實相，每個人都運用著久遠以來發展出的陽性和陰性力量，這兩股力量以不同的程度表現在所有人類之中，無論性徵為何。

青少年與社群

古代的成年禮與我們現代文化中的做法不太一樣，現代的成年禮意在認可每個人達到開花結果的時刻，但在過去並非如此。然而，我們的確需要儀式，那代表著「是的，你現在是這個社群的一份子了，你要為群體注入一些什麼，我們期待著，並願意幫助你完成你的那一份貢獻」。

魯道夫·施泰納曾說過，熱切地追求靈性認知「會帶領人類克服性別分化這代事」，並會使我們提升到純粹靈性存有或本質的層次，「那是超越性別、超越個人，達到純粹的人性[5]」。

身體的生理變化是一個自然的過程，我們要以開放、輕鬆的方式去談論。每個人都會經過這個歷程，這是為了要讓身體長大成人。在我們這個時代，不需要把發育這件事看成是為了要變成男人或變成女人，因為這已不再是靈性的任務。我們不需要把年輕人分成兩組去談論青春期的知識。事實上，分隔、區別在我們這個時代造成莫大的偏見和歧視，也顯示我們對未來的世代缺乏認識。

若我們如此聚焦在孩童的外在樣貌，並依據他們的性徵加以分組、區隔，就是在強化對外在身體的重視。我們越看重外在身體，就越不容易看穿並真正覺察超越性別與性的個體。這種依照性徵區別一個人屬於什麼群體的做法，在未來會造成更大的問題，因為許多人並不這麼分類自己，無論生理上或內在，他們並不以「男、女」的二分法看待自己。

或許，因為社會情況的不同，有些小孩會對於青春期的話題感到尷尬困窘。我們在這個主題上對年輕人進行教育的方式，可以很有效地化解他們的不安。作為人類，這是最自然不過的面向之一：我們的身體必須成長。把成長與發展當作自然的現象，就可以去除兩性話題中那股揮之不去的神秘、曖昧，並讓我們可以用一個人面對另一個人的方式去對話溝通。這件事看起來簡單，我們要自問：一個人需要怎樣的社會預備，才能在未來以成熟、大人的方式與他人建立關係？擁有女性身體的人需要了解月經，擁有男性身體的人需要認識射精背後的力量，這樣就夠了嗎？關於性的問題永遠都是受到社會制約的。我們必須克服來自過去、被定型、制約了的形式，並且證明我們在務實生活之中的投入可以轉化這些舊有形式。當我們把人類簡化為哺乳類動物，只強調生理、生物的面向，這樣做並不是在為人性的崇高、偉大而服務，這樣做是在無意識間宣稱，人只不過就是這副軀殼。

只有當兩性都提升到更高的層次，人們才能找到超越性別的和諧。因此，若運用由靈性科學而來的認知，我們便能把超越性別的更高實相帶入務實生活中，那麼性別的問題就解決了。[6]

如前已述，心魂的青春期正是一個人能夠把靈性實相的和諧與法則帶入塵世生活的開始。直到自覺的意識在十九到二十一歲之間甦醒，一個人才開始表現出自我轉化的能力。那時，我們便可以自由地、獨立地管理我們心魂中的力量，並掌握、治理外在世界，把我們自靈性生命中取得的禮物播種在世間，引導這個世界。透過轉化自己的心魂，我們也開始取得更多的能力與才華，用來轉化這個世界。

十四到二十八歲是年輕人相當寶貴的一段時間，他們的注意力很容易被分散，而把自己的真實能力移轉到瀰漫於這個世界裡的物質主義觀點。他們甚至可能最後放棄了追尋成長與改變的未來。然而，當我們給年輕人自由，讓他們可以展露、表達自己，他們就不會輕易地搖擺，受到空洞的、由外而來重擊他們的物質主義之擺佈。社群裡的成年人要作為年輕人的支柱。證據顯示，當一位沒有必要去愛、去照顧年輕人的成年人（例如社群裡沒有血緣關係者），卻對青少年的世界感到興趣，這種來自成人的關照會產生格外重大的正面效應。有了這樣的支持，青少年可以穿越黑暗勢力的挑戰。父母親要成為青少年子女的典範是很困難的，因為許多青少年都想要活出自己，從家庭中脫身。要陪伴年輕人走過那些脆弱的歲月，需要一整個社群的力量。

當我們回顧過去，並認知到自己曾經的想法與信念已不再符合進步價值，也不再具有未來性，這總是讓人感到惶惑不安。而這正是獲得個人啟示的本質。我們的「小我（個人自我）」仍想要捍衛舊的方式，因為我們總是覺得自己是正確的。然而，當我們退後一步，從個人的特殊偏好中移開來，考量什麼對整體來說、對所有人來說才是真確的，那麼我們便要從更深層的力量之中尋求指引，而不是只考量與個人相關的事物。我們要去考量靈性實相顯化在世界裡，現在有意義的作為是什麼？此時此刻，人類在靈性上的任務為何？在現今的演化階段裡，什麼才能推動人類向前進化？這個文化紀元的啟蒙任務為何？

我們現在需要發展出怎樣的能力？我們要給未來的人類留下什麼？這些問題的答案以一個圖像的形式呈現，這圖像反映的是我們如何支持現在正經歷青春期的少男少女。這些年輕人傳達出他們內心深處的想法與渴望，這種溝通能力不僅對他們的成長很重要，也是人類未來發展的關鍵。

為什麼我們由內在和精神深處出發，面對這個世界的溝通能力對人類發展的下一階段這麼重要呢？進入物質世界的**人類心魂**對靈性生命早已有所了解，雖然這樣的理解已被物質主義的觀點覆蓋或制約。只有人類心魂才能感受並傳達並非由物質主義思維或態度而來的特質。

若我們要避免整個世界淪落到物質主義的觀點和生存方式，那麼我們必須要能夠表達來自內在最深刻的經驗，把那些事告訴世界。這不只是青少年的任務，他們在進入青春期時開始加入這件偉大的工作，而他們剛從靈性世界進入此世不久，仍然帶著新鮮的眼光，他們保有未來的種子，那是這個世界需要的。若我們能看出他們帶著怎樣的潛質，帶來何種創造的動能，就會知道我們的任務是以一整個社群的力量去支持他們，讓他們堅定地站穩在自己的個體性上，並參與世界的演化。

我們心魂本質的完整與健全，呈現在我們體驗「我是」意識（"I am" consciousness）的能力。我們可以**思考**，我們可以**感受**——因此能體驗——他者；我們也有**意願**，出於我們的意志，我們能夠改變世界。我們目前已經看到的改變，在過去數千年裡發生的變化，這些劇烈、不凡的變動也是人類進入世界、在世界裡工作的結果。

在人類所帶來的改變之中，哪些有益於我們持續發展靈性認知，去了解我們是誰？哪些把我們帶離求知之道，使我們不再體認自己也是一部份的靈性存有？所有這些變化都是我們前進的一部份嗎？

每一個人都是從靈性世界出生而進入塵世生命的。每個人都帶著意圖，要轉化世界朝向靈性的方向。每個人所保有的這份轉化力量就存在於「我是」（I am）之中。如何運用這股力量則是我們的個人責任。我用這份能力去轉化世界，以使其滿足我的個人想望、取悅我的感官本質及自我中心？還是運用這股力量使世界和我自己更美好？

什麼是更美好的世界和自己？這個世界要前往何方？而我們如何能在這個演化方向上貢獻？我們可以從觀察下一世代的人怎麼做而得到很多線索。

進入「自我意識心時期」

當我們觀察週遭的世界，當我們去認識這麼多不同的靈性流派——所有這些都奧秘地交織成偉大的宗教——便可以得到一些暗示，得知哪些事物必須經由我們注入這個世界。我們以許多不同的形式領略人類發展的圖像，並了解一個人要如何才能好好地成長，然後為世界的演化進程而服務。

人類發展的圖像之一便是，我們已進入「自我意識心時期」，也就是後亞特蘭提斯時代裡的第五期。每一期延續二千一百六十年，這是太陽從一個黃道宮移到下一個所需的時間，也就是在春分或秋分時，太陽由某個黃道星座升起，要經過二千一百六十年，它才會在春分或秋分時由下一個黃道星座升起。當太陽的位置由一個星座移往下一個時，我們可以說靈性創造的動能想要為人類的演化帶來一些新的元素。對於「自我意識心時期」來說最根本而核心的靈性創造動能便是**發展朝向自由的力量**——在我們每一個人的思考、情感、意志中的自由。

在更新近的時代裡，光之靈（spirits of light）已改變了祂們的作用。祂們現在啟發著人類去發展獨立的想法、感受及朝向自由的力量；祂們現在要建造使人類可以發展成獨立個體的基礎，祂們把這視為自己的任務。[7]

若了解人類的演化，就會知道我們進入自我意識心時期的原因，就是要發展個體獨立性的脈動，我們才開始這個新的工作方式六百年，這真是令人著迷啊！在我們所處的現代裡，一個人走入世界的方式與前一個時期十分不同，前一期也就是第四期或稱希臘羅馬時期。在第四期，依據外在特徵去劃分、組合人群是有用的，因為那個階段的人類朝向特殊化、分別化的發展。因此，在考量各別群體的脈絡下工作是一種進步的方式：例如根據性別、種族、宗教等條件去分別和聚合人群。現在，我們仍然能看到這樣的做法，那是前一期殘餘下來的。在我們的語言中也有這樣的遺留。在某個時期對人類有用的事物變成一項原則，而那在之後會轉向，為人類帶來重大的困難和掙扎。在自我意識心的時代，靈性原則努力作用的方向是要從他人和我們自己之中創造、支持、鼓勵、激發出**個體性**（individuality）。

除了鼓勵個體性的發展，並尋求一條路徑讓個體性得以生長並結出豐盛果實以外，年輕人還面對另一個經驗，他們被這個時代的陰暗面拉往兩個相反的方向。我們都必須面對這個新時代的影響，但首先我們必須先注意到這陰暗面的影響是什麼，才能處理朝我們迎面而來的試煉。

新時代的試煉或陰暗面帶來的後果之一是，我們與自身心魂生命之間的關係有了深刻的變化。人們變得更加切身地覺察到自己如何經歷著心魂的過程，這些歷程是現今普世人類共通的。在自我意識心時期裡，雖然有更多人居住在這個星球上，但我們感受到前所未有、更加強烈的孤獨與隔閡。我們高漲的自我意識帶來與他人分隔的感受；這種孤單、疏離的經驗是所有人都感同身受且越來越明顯的。早從九歲開始，孩童便開始經驗到他們內在世界與他人不同，這是由於自我意識的發展。差異已經變成新的常態。伴隨著這種感受，通常是害怕被拒絕，以及渴望被接納。在這個年紀時，孩子會開始想要同儕團體中其他孩子也都有的事物，或者他們會在更深刻的層次上感受到自己格格不入。今日，即使人們符合所謂社會認可的性別典型，許多人內心深處仍感受到自己無法融入。這種無法融入的經驗伴隨著一種渴望，就好像生命中缺少了什麼一樣。隔絕疏離、害怕被拒絕與渴望被接納這三種自我意識的經驗，早在九歲時便發生，之後當孩子進入青少年時期逐漸增強。在現代，所有人都要學著去承受這些內在經驗，因為這些是意識轉變的徵象。

當年輕人了解這些都是自然的人類經驗，那麼這些試煉對他們的影響就會不同了，原先，他們可能會以為只有自己有這樣的感受，或更糟的是以為自己做錯了什麼，才會有此體驗。我們要很小心，不要掩蓋這些經歷，而是要去承擔這樣的感受，讓這些經歷幫助我們喚醒個體性的力量。

物質主義思維

另一個把年輕人拉往不同方向的時代陰暗面是現今世界面臨的最大困難。我所指的是這個事實：與自我意識心時期同時來到的，是人類前所未有地強烈懷抱物質主義的思維。這種思維所造成的後果是，觀念的內涵意義變得不同了，舉例來說，個體性的概念已不再能表達它真正的意義。人們對個體性的概念認知不再把它當作人類存有的靈性面向。真正的個體性是我們的靈性存有，包含人類是能夠意識到自我的存在，也包含我們更深的思考、情感、意志活動。然而，現今的物質主義思維把個體性定義並完全框限於外在自我的層次，也就是我們對世界所呈現出來的外在樣貌——每一個人都有**各自的人格與個性**（personality）。這樣的物質式思維不只攫住了那些不相信或是不去開發靈性生命的人，這種思考方式也蔓延在生活中各個領域：我們到處都可以看到一個人被貶低到只有外在自我。在一個崇拜和讚揚膚淺的人格與個性的世界裡，很少有年輕人能夠找到空間去談論他們真正的內在經驗[8]。

在我們的內在痛苦和孤立隔絕的感受中，在我們被拒受挫及一再的「錯過」之中，**這世界失去了我們**；相對地，**我們也迷失在世界裡**，文化氛圍若有似無地只關注外在的人格、個性，於是把一個人的生命外部化，只剩下膚淺和表面。

為了在自我意識心的時期裡能夠真正幫助到彼此，我們要思索以下的問題：真正存在於他人獨特個體性之中的是什麼？我們如何能夠支持個體性的發展，以通過現代生活的試煉？當我們知道是什麼令我們獨特又個別，我們才會開始崇敬每個人都具備的心—靈能力。

當我們與他人共事或相處時，必須對來自靈性生命的智慧與「我是」的生命體驗保持關注。教育者必須永遠努力去認識他人的真實存有，尤其是在與年輕人互動時。真相是，他們的內在本質裡並不包含性徵；真實自我是沒有性別的。在他們的「自我」意識裡，在他們的心魂能量中，是無性別或是雙性的。在這個真相中有一件很重要的事，作為教育者和社群一份子，在遇見另一人時，我們的關注要朝向他人的**心—靈層面**，這在現今這個時代裡的重要性更甚於以往。

物質主義看待世界及人類的方式只承認觸摸得到和看得見的部份，在男人和女人身上自然只看到生理方面的差異；任何人若只停留在物質主義的思維，就會錯過比性生理差異更重要、更具有決定性的事物。這樣的人不會考慮到個體性，那是超越性別、與性別無關的。[9]

我們的任務不是聚焦於站在我們面前這個人的外在身體表相上呈現出來的樣貌——有何種膚色、性徵等。在自我意識心的時代，認識到這些事實只是教育者的工作之一。若倒回去數百年前，教師的工作與現今完全不同；在那時，教師只教育特定的一些人，也只教特定的一些事。但前進到自我意識心的時代，不可能再這樣做；現在，每個人應該有機會得到他們自己想要的教育，不是依據他們的外表、形貌。然而，我們知道在這個世界上有一些人的信念是，只有某些人值得被教育，而且只需要教某些特定的事情。我們不一定要擔任教師才會需要對他人的教育負責，因為我們所有人都透過自己的存在和生活方式持續地教育著其他人。

因此，即使現今的我們無意以外在特徵去判斷或評價其他人，但過去時代所遺留的傾向仍然散佈在週遭的世界裡。這些來自過去的影響仍在世界裡作用著，其部份原因是，當個人被物質主義世界觀困住的時候，我們就遠離了自己如其所是的真實，也遠離了我們要為這世界帶入的新動能和契機。

我們被困在外在的表相裡，我們以他人的外觀去評斷此人可能有怎樣的性格，這種傾向蔓延如此之廣，影響如此之深，它持續引起集體的狂熱情緒，像是種族主義、性別主義及其他的偏見和歧視等，都是以外在表相為基礎在看待一個人。究其本質，是物質主義的思維引起了這些集體錯誤與狂熱，藉此來延續物質思維，使其殘存在世界上；然而在充滿生命力、朝著人性方向努力的靈性氛圍裡，這樣的思維就無以為繼了。只有物質主義的思維才能維繫這種依靠物質外觀而來的評判。

人性及人類整體的命運是一個持續演化的進程，也包含了社會結構的變遷，它依照人類意識的調整而改變。在自我意識心的時代，我們被要求把身體看作一個工具或載體。這不是要貶低身體，而是要認可那運用這個載具的真實存有及其精要本質。

我們可以看到物質主義傾向以他人的外在特徵去判斷與評價另一個人，

這使得年輕人更加在意關於自己的外圍和次要的那些面向。他們清醒地覺察自己的人格與個性，或是外圍身份（peripheral identity），也就是他們呈現給外在世界的樣貌。外部化的自我變成虛假的核心自我，在這樣的偏移中，年輕人遠離了這個時代的任務，也遠離了他們本來應該可以扮演的角色。

教育者的任務

作為自我意識心時期裡的教育者，這是意義重大的面向。教育者的任務是協助學生「鑿刻、雕塑」出一個空間，讓真實而深刻的內在生命可以在其中醞釀。作為教育者，若我們能**引導出學生的個體性**——若能把這樣深刻的內在召喚出來，並且為所有人的個體性提供舒展的空間，那就是善盡了我們的任務。這就是教育者的工作。若我們一時忘卻授課的內容，但若仍然能夠看清教學工作的**核心內在本質**，那麼我們就會知道要怎麼教。事實上，一位老師很有可能對所教授內容的各方面有透徹的掌握，卻缺乏能力引導出他人的真實個體性，這樣的話就不足以成為這個時代真正的教育者。這件事在學校裡當然益加困難，因為學校一直都在要求以測驗為主的學業表現。

缺乏這種誘發、引導的能力不只意味著我們無法把孩子當作獨立個體去對待，而且還會使我們做出原本不應該做的事，也就是想把**我們的**觀念填塞給孩子，想要告訴孩子他們應該成為怎樣的人。我們的觀念是由何而來的呢？主要是從我們所生活及成長的社群中得到的。若我們的思考不自由，若我們尚未喚醒自身個體化的情感生命和意志，那麼我們的觀念就只是那些我們接收來的事情，而我們又把這些銘刻進孩子與學生之中，塞給他們由傳統和習俗而來的訊息，告訴他們應該怎麼活、做怎樣的人。

由物質主義的思維出發要真正認識人類，並不是一件容易的事，然而，以這樣的方式去教導年輕人會帶來嚴重的後果，卻是千真萬確的。若我們以智性的方式去教小孩——把理智的概念填塞給他們——這樣做並不會開發他們個人化的思維和獨特的能力，這麼做會阻礙他們的能力，使他們無法完全開展成為自己。當我們以自己的個人自我去影響小孩時，他們從靈性世界帶來的那些事物，就比較容易受壓迫或被錯置。這是關於人類和人性的演化，我們應該思考的。

每一個世代都帶著朝向未來、創造性的動能進入這個世界。所以，當我們作為父母或教師，心裡想著「我必須要教你」，事實是，他們也有一些事情要教給我們。

若我們只開發孩子之中的某些能力，不關心或不發展其他的可能性，那麼那些被忽略的事物就會逸出正軌，轉而發展成別樣事物。其中一個例子就是，人們會鼓勵生為男孩的人不要輕易顯露自己的情感，而擁有女性身體的人不必有強烈的意志。女性在幼年時比較不被允許鬧脾氣，而男性在幼年時更有可能被告知男兒有淚不輕彈。當小孩有情緒時，女孩比較會得到安撫，而不是男孩。當男孩需要安慰時，他們得到的比較會是連哄帶騙，要他們不要再耍脾氣了。然而，我們也不要太快跳進另一個極端的結論裡，開始要女孩展現強烈的情緒，或是刻意溫柔地安撫男孩。每位孩子都要依其個別的需求和傾向得到適宜的對待，而不是依據他或她的生殖器官顯現為何種性別。我們必須關照孩子個人化的存在方式，當我們存心留神這件事時，也要深思、祈禱或冥想：我要如何幫助你活出完整的自己？

因為一個人天生的身體特徵而以片面偏頗的方式對待他或她，這會影響一個人的整體發展。神經科學的研究顯示，早從嬰兒一出生開始，人們就開始依照其生理性別而給予不同的對待。於是，神經網絡便按照一個人得到的照料和教養有了不同的發展。科學研究的證據如此確鑿，澳洲兒童協會（Australian Children's Association）因此力促玩具賣場，不要把所有的「動作玩具」都包裝成藍色，放在同一區，也不要在另一區放全部粉紅色包裝的「家庭照料玩具」。

科學證據顯示，若我們只讓孩童接觸特定種類的玩具，就會限制他們的發展。在個人意識心的年代裡，個人特質越來越突出，而這些偏見和限制又如此普遍，當它們與一個人的個體性相違背時，會使人覺得自己格格不入、配不上或適應不了社會的要求。

問題不在於包裝盒的顏色是藍色或粉紅色。若只從表面去看這個問題，就無法得到更深的見解。真正的影響在於這些顏色標籤背後，整個社會的定型化思維。這些思維在說的是「如果你是男孩，就應該玩這些玩具，你會想要的是這些事物；而若你是女孩，就會玩其他玩具，你會想要別的事物」。在現今的時代裡，自我意識的自覺能量越來越強，只因為身體顯現比較傾向男性或女性的特徵，就強加這些外在的制約，這實在很擾人。

意志、情感、思考方面的偏差

若心魂想要帶入這個世界的事物無法由個人意志之中開展出來，那麼原本的意圖就會以壓抑或偏離健康的方式呈現出來。這樣的偏差會出現在三個領域裡：意志力量、感受—體驗、思考能力。

意志是繁衍力量的基礎；我們在意志的領域裡個體化，並把自己帶向世界。在生活中，我們以許多不同的方式展現出個體化的意志，包含性關係。對許多人來說，性愛在他們的生命裡無足輕重；對有些人來說，性在生命中扮演的角色隨時間而改變；對另一些人來說，性是健康的親密關係之重要表現。

健康的感官之愛表達出這種以意志為核心的創造力。這並不是說性愛就像藝術創作一樣，而只是說性愛之中有創造的特質。兩個人相互分享的性愛，對彼此來說都是獨一無二的；性關係是透過兩個存有，在每一次性的連結中，親密地向對方呈現出自己而形成的。也就是說，每一次在性之中的相遇都是新的，是與另一人共同創造、接引某項新事物誕生的過程之一。

身體的愉悅是一種感官經驗，與純粹的觀看或純粹感受美好的水果帶給舌頭的愉悅，沒什麼不同；這是巨大而永無止盡的學習，從中我們可以獲得對世界的認識，所有知識的恢宏浩大、完滿健全都在其中。接納身體的愉悅不是一件壞事；糟糕的是大多數人誤用了這個學習，把它當作一種刺激，當他們感覺生活疲累乏味時，就去尋找這種激勵，而不是把這個經驗當作為自己充電，以達到更高境界的作為，這是浪費、消耗了這種身體經驗。

里爾克，《給年輕詩人的信》

顯然地，性愛主要並不是為了持續把人類的未來世代迎接到地球上而已；它是人與人之間親密感的表現，也是透過感官這個通道去表現愛的一種方式。對許多人來說，性愛打開一個門戶，讓人得以認識更加屬靈層面的愛。

感官之愛也會漸漸地帶領我們走向最高、最純淨的靈性之愛。心魂要轉化、整理各種經驗，並把這些經驗帶到靈性的祭壇上。沒有任何人生經歷是白費而無用的，每件事都在幫助我們。感官經驗本身就是一個學校，沒有經過這個學習，人類永遠無法達到靈性。塵世不是苦難和血淚之地；它是一個相遇和成長的殿堂。[10]

對某些人來說，性衝動是一股出現在意志中很強大而活躍的力量。一個人要能夠把意志力量個體化，當這樣的努力被壓抑時，在意志裡的性驅動力可能會轉移到負面的方向上。施泰納由他的靈性工作出發，曾經給出一個圖像，若我們不讓孩子的意志健康地開展，不讓他們展現出他們想要帶給這個世界的事物，不讓他們發展深藏在心中的興趣時，那麼到了青春期，當本能的性驅動醒覺過來時，這股力量可能就很容易轉移到兩個方向上：一是熱愛以力量壓制他人，二是耽溺於情色（興趣集中在自我滿足和物化他人）[11]。這些雖然出現在意志領域裡，但也會影響一個人的情感和思考。

在這個世界上，我要透過自己的意志完成什麼事？這是我們每一個人都要為自己釐清的問題。若沒有辦法以真正意欲的方式去開展天命，那麼我們的意志就會逸出正軌，或分叉、轉向其他的出口。在所謂正常、一般的性關係中，我們常可以看到其中一人的意志凌駕另一人之上，以及為了自我滿足而產生的情慾行為，這兩者時常一併出現。

當我們檢視這兩個方向——耽溺肉欲及對力量的競逐——我們或許可說：「那不是我，我沒有那個問題。」但什麼是肉欲？最簡單的定義就是，我想以感官的方式滿足自己，而另一個極端則是，我想支配、控制他人。這兩種感受——一是想獲得自我滿足，想取悅自己的感官存在，以使自我在刺激之中獲得歡愉；另一則是宰制他人——在每個人的意志衝動中或多或少都有一點，像是我們每個人的某種潛能。每個人意志本質之中傾向自我滿足和耽溺的那一面顯現在成癮這條道路上，它有許多不同的程度和階段。對力量的貪愛也是日常意志中常見的特質，它是人類「陰暗面」或低層自我的一個部份，想要把自己抬高到凌駕他人之上，以此去經驗有力量或削弱他人的感覺，想要以鄰為壑、不惜代價地超越、勝過他人。

當我們的情感生命出現不平衡，通常有兩種展現方式，也就是兩種不同的感受：一是羞恥，另一是焦慮。最近，有一個澳洲的精神健康機構發表一份報告，指出四分之一的澳洲兒童表示自己很焦慮，或時常處於擔憂的心情中。為什麼在青少年階段，心理及精神的健康狀況成為最主要的焦點？羞恥感通常表現為「覺得自己不夠好」，這也包含了對自己身體形象感到愧疚或耿耿於懷。伴隨著羞恥感而來的是不想被人看見，想要消失或融化於什麼之中。在生理上的典型表徵是血液流向身體的周邊區域，當我們羞愧到無地自容，想要隱藏進環境之中時，就會臉紅。相對的另一種反應是焦慮：臉色發白、想要退縮、從世界中抽身，在自己之內建造一座堡壘，透過內在的防衛以控制外在世界對我們的影響。在年輕人身上常可見到消失和防衛這兩種姿態。

在思考能力方面，這種不平衡顯現在年輕人好評斷、好發議論又堅持己見的狀態，而相反的另一端則是聯想性思考[12]（associative thinking）。當我們在評判他人時，並沒有把另一人放在心裡，並沒有用別人的立場、角度去考量事情。在判斷和批評中，我們隔絕了他人，對抗著他人。在聯想性思考裡，則每一件事都和自己發生關聯，每一件顯現給我們的事或別人對我們說的話，都被連接上過去自己曾有過的經驗。我們讓他人的思維流入自身之中，但是把這些思維與自己已知的事物混在一起，我們用自己已有的概念或想法去確認或合理化新的觀念。

上述這些思考、情感、意志方面的偏差讓一個人變成像面具或戲劇角色（persona）一般的存在，那是一個人的人格與個性之中比較笨拙或誇張的部份。這會讓一個人無法體驗到自己與世界真正的內在連結，另一方面，這樣的人會變得像自動裝置一樣，不會自己思考、感受和行動，而是按照「指令」或依先前的條件、狀況去回應。

當一個人無法把自己的個人靈性能力完整表達在世界裡時，其結果就是此人的基礎創造力量會以偏差、分散或甚至破壞性的方式作用在自己或他人身上。這些偏離正道的創造力量皆在意志、情感生命和思考生命裡，通常是三者同時顯現出來。

六個輔助練習

我們每一個人的內在生活都持續地與社群的集體意識抗爭、對峙著。因為集體意識還不夠進步的那部份錯誤轉移了我們的內在力量，這些經驗在童年時期已然刻劃在我們生命中，並持續在成年的日常生活中起著作用。因為這些外在的影響和阻礙，我們時常感到困擾，覺得自己無法正確覺察與認知自我和其他人。有一些特定的內在鍛練可以平衡與調和這些困擾。

要克服這種外在造成的阻礙，並把這些困難重建或發展成健康的能力，主要的方法是透過鍛練開創出全新的內在狀態，這些鍛練會使我們的心魂生命和諧及強韌。在不同的內在發展學派裡，對這些練習有稍微不同的描述。施泰納以「六個輔助練習」來稱呼它們，那是他在《如何認識更高層的世界》（How to Know Higher Worlds）、《奧秘科學大綱》（An Outline of Esoteric Science）以及後人編纂匯集的《奧秘修行指引》（Guidance in Esoteric Training）等書裡提到的，以下會仔細介紹這些方法[13]。

第一個條件是培養絕對清晰的思考。

第二個條件是控制意志。

第三個條件是掌握情感。

第四個條件是發展「正面的態度」。

第五個條件是鍛練自己的感受，以完全開放的心態面對任何新經驗。

第六個條件是漸漸生成心魂中的美好均衡。

先從第一個條件「控制思考」開始，練習一個月，然後在第二個月再加上第二個條件，第三個月再加上第三個條件，以此類推。即使前一個月的鍛練沒有很成功，仍然繼續堆疊下一個練習，這會是有幫助的，因為新的練習會帶來新的力量，那可能正是你需要的，讓你可以將前一個練習做得更好。

第一個條件：培養清晰的思考

這個練習是要摒除飄忽不定、捉摸不明的思考方式，即使每天只撥出很短暫的時間也可以。大約五分鐘就足夠，但時間越長越好。

修行者必須成為自己思想世界的主人。若我們的思維是由外界環境、自己的職業、傳統、社會關係、所屬族群、日常生活的流程、某些活動等所決定的，就不能說是主宰。

因此，在短暫的練習時間裡，我們必須完全出於自由意志，清空心魂和日常生活中串流不息的思緒，並且主動地，把一個思維安放在心魂中間。

這個思維不必是特別有趣或吸引人的。事實上，若選擇一個完全不起眼、不有趣、一點也不重要的念頭來練習會更好，會更加幫助我們在奧秘鍛練裡所要達到的成果。我們的思考力會受到激發，以它自己的力量去工作，這是此練習的精要所在；相反地，若是選擇一個有意思的想法，它本身就會引導一個人的思維向前發展。

用一根迴紋針來做這個控制思維的練習，會比思索拿破崙這個主題還要好。修行者對自己說：我從這個念頭（思考一根迴紋針）開始，透過我自己的內在主動積極，我要把每一樣與它有關的事物連結起來。在練習結束時，這個念頭應該和剛開始一樣色彩繽紛、充滿生命力。這個練習要每天做，至少持續一個月；可以每天更換新的主題，或者同一個念頭持續數天。

在結束練習時，我們的努力會化為：完整意識到內在堅定和安穩的感受。只要細緻地關照自己的心魂，很快就會注意到這個改變。這個練習終止於我們把思維集中在頭部以及頭與脊椎中間的區域（腦與脊髓），就好像那股安定的感覺傾注進入身體的這個部份。

這個練習的目標是要發展出主宰自己內在生活的能力，也就是說，把內在生活由朝向外在世界、敏感於外界影響的狀態中解放出來。因此，重點不在於要去了解關於那個物品的所有事情。重點在不在外部的研究，而是集中思考在我們所選定的物件上。還有，若可以不必看著那個物件

（外在的注視）會更好，而是在心眼裡去觀想它。持續練習大約一個月，然後加上第二個練習。

第二個條件：控制意志

試著想想在日常生活的過程中，有一些我們確定不會去做的動作。然後，我們給自己一個責任，就是要每天做出那個動作。因此，最好選定的動作是可以每天做的，而且執行這個動作的時間可以維持盡量越久越好。

同樣地，最好是從一些無足輕重的事情開始，那樣一來，我們就得強迫自己去做那件事，例如，買一盆花，每天在固定的時間為它澆水。練習一段時間之後，可以加上第二個動作，之後再加上第三個，以此類推，只要不妨礙我們其他的生活行程或工作責任就好。

這個練習也是一樣進行一個月。在第二個月進行第二個練習時，若有可能，也要持續第一個練習，雖然現在第一個練習不像在第一個月那樣是主要的重點了。然而，我們不應該忽略第一個月的練習，否則的話，第一個月的鍛練成果很快就流失了，而不受控制、飄忽不定的思考又再度出現。修行者必須要去關照，一旦我們掌握到這些練習的成效，就不要再鬆手失去它們。

若透過第二個練習，「積極採取行動」的特質得到加強，那麼，在細緻的觀照之下，我們會意識到一種感覺，那是在心魂裡出現的、朝向行動的內在動力。我們要把這樣的感覺或體會傾注回身體裡，讓它由頭部向下流入心臟周圍的區域。

雖然許多人覺得這個練習很難，重要的是去理解每個練習事實上都充滿挑戰：這些練習就是要我們費盡心力，藉此發展出內在力量，練習得夠勤奮的人甚至可以在這些鍛練中發展出內在主宰和獨立不依的能力。意志的練習似乎格外困難，這是因為在意志的鍛練裡，我們可以立即看出目標是否達成。我們的專注能力或許在思考練習和在意志練習裡是一樣的薄弱，但是意志練習的動作沒有做是很清楚明白的，而在思考練習裡，我們或許並沒有覺察到自己的思考不夠專注。

第三個條件：掌握情感

第三個月要專注於另一個新的練習：在苦與樂、喜與悲的波動中發展出某種泰然自若的穩定。「喜悅的高峰」和「絕望的谷底」都要盡量以平穩的情緒替代。我們要注意的是，沒有任何喜悅讓我們情不自禁，沒有任何悲傷讓我們一蹶不振，不要讓任何經驗帶動我們過度的惱怒或煩躁，不要讓任何期待引起我們的焦慮或恐懼，沒有任何情況使我們倉皇失措、困窘不安。

我們不必擔心這樣的練習會讓生活變得麻木沉悶、一事無成；相反地，修行者很快會發現，當我們把這個練習應用在生活中經歷到的事件時，那些事件被更純粹的心魂質地所取代。最重要的是，若我們能夠細心留意的話，有一天會注意到身體裡的內在鎮定寧靜也出現了。如同前面兩個練習一樣，現在，我們要把這樣的感受灌注進身體裡，從心流向手、腳，最後回到頭。

當然不必每次練習完都做這件事，因為這不是單一次的練習，而是要持續關注心魂的內在生命。不過，每天至少一次把內在的靜定召喚出來，呈現在心魂之前，之後再把內在透過這些鍛練所獲得的力量，由心的區域「流注」進入身體裡。

這個練習要和前面幾個月的連貫在一起，就像第二個月也要持續做第一個練習一樣。

「控制感受」的練習會幫助我們發展出內在的客觀性。即使當情感湧現時，我們仍有能力觀照那些感受，而不是一味地認同，讓自己身陷感受之中。於是我們或許能夠發展出一股內在的力量，可以隨著自己的意願去止息情緒之海的波紋。持續做這個練習的人不會經驗到情感變得遲鈍麻木，而是在有需要的時候，可以主宰自己要如何表達這些感受。至少，練習這個方法的人會能夠見證自己有哪些感受，並選擇是否要把它們呈現於外。

第四個條件：發展正面的態度

第四個月要進入一個新的鍛練，也就是培養我們稱之為「對生命的正向態度」。我們要在所有的存在、所有的經驗和所有事物之中找尋良善、美好、值得讚賞的部份。

這種心魂品質的最佳描述是在一個波斯的傳說故事中，施泰納把這個故事連結到這個練習。有一天，耶穌基督與其門徒走在路上，他們看見一隻死狗躺在路邊，身體已經開始腐爛分解。因為景象不堪，所有門徒都轉頭不去看，只有耶穌基督不為所動，他仔細地看著那具屍體並說：「牠的牙齒多美啊！」其他人都只看到令人厭惡、不愉快的畫面，而耶穌基督在其中看到了美。

所以，修習奧秘之道的人必須努力地在每一個現象和每一個存有之中找到正面的事物。修行者很快會注意到，在令人不悅的表相之下藏著美，即使是罪犯也有良善的一面，掩蓋在他看似窮凶惡極的外表之下，在瘋狂失常的面具底下隱匿著神性的心魂。

某方面來說，這個練習也與所謂的「克制批判」（不涉入批判）有關。這並不是要黑白不分或指鹿為馬。而要是區分：由自己的個性出發、沾染著個人離斥感與融合感的判斷；以及帶著愛去面對陌生的現象或遇見不熟悉的存在，這兩種態度有何不同。抱持後者態度的人會問：為什麼這件事會變成這樣？為什麼這個人會如此作為？這樣的態度會讓人著眼於想去幫助尚不完美的情況，而不是只挑剔錯誤並且恣意評判。

有人說，生活情境就是會迫使他們不得不去挑剔錯誤並譴責和非難，這說法一點道理也沒有。這樣說的人其實是沒有真誠地進行奧秘鍛練。

若一個人曾經體驗過這種正面態度，它在心魂裡帶來一股極樂至福的感受，那麼就要努力在思考中去引導這樣的感受／經驗進入心的區域，再由心流入眼裡，舉目所及就會看見正面的事物。然後，此人就會注意到，他與周遭環境建立起一種內在關係。也就是說，修行者的發展超越了自己，他學會把環境裡的某一部份視作是屬己的存在。

做這個練習需要十分專注，最重要的是要去覺察一件事實：所有不受節制的情感、所有激情、所有過度活躍的情緒都會對培養正向心念帶來絕對破壞性的影響。

進行這個鍛練時，仍要保持之前幾個月的那些練習。

就像之前的練習，這個正向態度的鍛練對修行者也有很深的影響，它不只影響我們如何面對每日生活中的經驗。在面對內在發展之道的各個面向時，正向也是必要的心態。缺乏正向的能力，我們就會放棄、走回頭路，或是在遇到排山倒海而來的困難險阻時感到氣餒，但困難和險阻是當我們真實進行自我轉化時一定會遇到的狀況。正向是一個指標，它代表著走上內在修行道路的人變得更強韌了，更能面對外在的阻礙。

第五個條件：鍛練自己的感受，以完全開放的心態面對任何新經驗第五個月，我們要下工夫去發展出一種感受，在遇到任何新經驗的時候，不做任何臆想或預先判斷。剛聽到某個說法或看見某個現象時，有些人會宣稱「我從沒聽過或看過這樣的事；我不相信，這是一個假象」，奧秘學子必須完全戒除這種態度。

修行者必須無時無刻準備好迎接嶄新、全然陌生的經驗。一個人過去認為是符合自然律的事，或認為怎樣是可能或不可能的，這些都不應成為他的障礙，如此他才能去接納新的真理。若有人告訴奧秘修行者「昨天晚上，某某教堂的尖塔歪掉了」，無論此事多不尋常，修行者都要保留一點點的可能性，說不定自己先前所知的自然律會被這樣前所未見的事況所改變、增益。

開放的心胸不只對鍛練強韌的內在來說是必要的，這樣的態度也是所有進行內在修練的學習者必須培養的，如此才能讓其他的可能性流入我們，使自己能覺察到另一層實相。如此才不會被粗鈍的物質世界所囿限，而能對奧秘生命的躍動生機保持開放。

第六個條件：漸漸生成心魂中的美好均衡

在第六個月，學習者要重覆所有五個練習，有系統且規律地輪替練習。如此一來，就可以漸漸生成心魂中的美好均衡。特別要注意的是，之前對世界裡某些現象或某些存在的不滿會完全消散。

「所有經驗調和一致」的感受會漸漸主掌整個心魂，這樣的心境絕對不是冷淡漠然，相反地，這樣的心魂氛圍使人首度可以為了世界的真實進展與改善而工作。這樣的人在寧靜安定中理解一些之前尚無法得知與接觸的事。

任何人只要想鍛練自身以面對外在世界的考驗，或是想與來自世界的各種外在支持有更強的連結，都可以做這些練習。許多在集體意識裡的錯誤想法、感受和衝動不會再影響我們，而集體意識裡有益的和進步的部份會更清楚地浮現出來。透過進行這些鍛練，我們不會感到集體意識帶來沉重的負擔，取而代之的是，我們心中會升起對人類進化的更大盼望。伴隨著這個盼望的是更強大的意志，去參與為世界帶來正面變革的行動。

1 原注：關於塵世成熟，參考魯道夫・施泰納的演講《特殊需求的教育：談治療教育》（Education for Special Needs: The Curative Education Course），GA317，1924.6.25。另見魯道夫・施泰納《心魂調御：華德福教育裡的身、心、靈》（Soul Economy: Body, Soul, and Spirit in Waldorf Education），GA303。

2 譯注：權威最簡單的定義就是「正當的權力」。權力是影響他人行為的能力，而權威代表此種能力並發揮這種影響的可能。在本文的脈絡裡，權威並非來自外在授予，而是由於兒童的存在狀態是受到父母師長的保護和養育，這些人自然成為權威者。

3 原注：特別可以參見這本書〈現今與未來的宇宙和人類演化〉（The Present and Future of Cosmic and Human Evolution）這一章。

4 譯注：此處所指為組成外在世界的基本成份，例如地、水、火、風等四大元素，或是在現代的認知裡，各種各樣的化學元素及物理力量也可視為此處所指的元素。

5 原注：魯道夫・施泰納〈女性與社會〉（Women and Society）演講，1906.11.17 於漢堡，收錄在GA54，倫敦：Rudolf Steiner Press 出版，1985。此處引自選輯《由靈性科學看伴侶關係、愛與性》（Sexuality, Love and Partnership from the Perspective of Spiritual Science），華文版將由三元生活實踐社出版。

6 原注：同注 5。

7 原注：魯道夫・施泰納《黑暗靈性的墜落》（The Fall of the Spirits of Darkness），1917.10.26 演講於多納赫，GA77，倫敦：Rudolf Steiner Press 出版。

8 譯注：個體性（individuality）在人智學的脈絡裡指的是人類存有的靈性面向，也就是吾（I）；從一個人的整體生命歷程來看，這部份也就是穿越生死輪迴、重覆入世也在死後繼續存在的那部份。人格與個性（personality）則是在塵世生命中發展出來的，雖然也有來自前世或靈性世界的影響，但離世時就歸於熄滅；以字源來看，persona 意指戲劇中的角色或面具。在本文的脈絡裡，人格與個性是外在的，真正的個體性則是內在的。

9 原注：同注 5。

10　原注：取自施泰納全集94《宇宙論》（Kosmogonie，英譯 Esoteric Cosmology），由一位聽眾記錄1906.6.30的演講，出版於《大眾奧秘學》（Popular Occultism）。英文的部份出版於《愛、婚姻與性：靈性科學的觀點》（Love, Marriage, Sex: In the Light of Spiritual Science），是施泰納的演講選輯。

11　原注：施泰納《給青少年的教育》，GA302。

12　譯注：根據國家教育研究院的教育大辭書，依思考的性質與功能來分，思考可分為兩種：1. 導向性思考（directed thinking）：是指針對某個特定的問題進行思考，因此是重視特定功能與目標的思考；2. 聯想性思考（associative thinking），是指沒有特定主題或目標的思考，包括自由聯想。聯想性思考發生於下列情境：(1)無特定的問題要解決，只是一個概念引發另一個概念的思考活動，個人在日常生活常有這類經驗，「只是隨便想想，沒要做什麼」；(2)擴散性思考：根據某個主題海闊天空地發想，未考慮其真實情境或是否可行；(3)人格測驗或心理治療中的自由聯想。

13　原注：參見《認識更高層的世界》第六章〈進入奧義後的一些效果〉（光佑文化事業出版）或《秘修學徒的高等靈性修練法門》第六章〈啟蒙成效〉（柿子文化出版社）；《奧秘科學大綱》第五章〈更高層世界的知識——入門〉（奇異果文創出版）；《奧秘修行指引》第一部〈一般要求〉。

第二章

日趨複雜的吸引力

在靈性真實的光照之下所認識的人類，並不只有生理——物質的身體。所有傳統都理解，人還有心魂生命或是意識，那並不等同於身體。這些許多不同的學派大抵都同意人有不同的組成面向，有些學派更試著進一步去探究並區分人類的各種不同組成部份，藉此去認識人性的複雜及我們與物質和靈性世界的雙重關係。

許多靈性思想的流派（特別是有奧秘傾向的）都會把人的組成分為不同的層次或身體，以此去定義人類並理解身為人會擁有的不同面向的經驗，包含在物質世界和超越物質和物理領域裡的體驗。這些團體常使用不同的名稱，有些還會發展出專有、限定用法的詞彙，但所有學派的努力都是朝著認識人類及其與周遭世界的關係，以期幫助人們覺察並分享超越感官感知的事物。

當考量到超越性別差異的那些事物時，便會發現人類本質中的更高層次——「吾[1]」——從較低層次的身體中創造出來的事物。男性和女性必須倚賴物質身體作為載具，使他們能夠在物質世界裡作為一個整體，活躍地在某個方向上生活和作為。人們越意識到自身之中的靈性，身體就越成為一個器皿，透過望入心魂深處，便越加認識人類的本質。[2]

自然科學試圖以外在的儀器去量測感官感知到的世界。想要探問超越物質世界以外的事物必須採行不同的方法，要用人類自身心魂存有作為工具，去覺察心—靈層面的事物。魯道夫．施泰納把這樣的努力稱為**靈性科學**（spiritual science）。

即使我們自己不是靈性科學家或自然科學家，但所有人內在都具備常識和健康的人類理解能力。雖然一些深刻的洞察常是出於他人之口，但我們若努力去理解，仍然能跟上他們的思維並知曉其中的意義，那是因為我們個人的生命經驗裡或多或少對那些事物有著直接的認識。

人類組成的四個部分

在物質的層次和形式上，礦物、植物、動物、人類都有固體的成份、形狀和樣式等。這就是我們看得到、感覺得到的身體，透過這層身體，我們與感官世界連結在一起。這個身體賦予一個人外貌和形式，透過這些樣式，我們可以在空間中知覺到一個人。運用自然科學家使用的各種儀器，這一層身體可被測量到重量與體積，可以被解剖、分析。

生命、成長、維持生存、凋萎、衰弱、死亡的現象出現在植物界、動物界和人類身上。我們不只是物質—礦物界裡的成員；我們也有生命身（life body）。透過生命身的力量，細胞汲取出修復和生長的能量。身體的成長以及維持全都有賴於生命身的過程。生命身也與我們的外在存有及地球上的生命有關，但我們看不見這個身體，只看得到它活動的結果，那些結果呈現於外在的物質身。自然科學家也在探究這個生命身，但他們還不了解。

然而，我們還要前進到超越植物界的範圍，因為我們擁有感覺身（sentient body）。和礦物、植物不同，人類與動物可以透過神經和感官系統去經歷並回應周遭世界。這個靈敏覺察的系統讓我們感受到歡愉和痛苦。它於內在賦予我們情感，也回應從世界中接收到的刺激。它也提供我們內在的回應，例如饑餓的感覺以及身體安適或不舒服的感覺。在自然科學裡，要在人的身上觀察和偵探到這個複雜的感知系統，主要是透過大腦，大腦是這些功能的核心。不過，人類的內在經驗延展、超越了在生理上可以觀察和測量到的感知面向。也因為這樣的延伸和超越，人們會覺得自己有一個內在的生命。科學上觀測到的大腦活動不是內在生命的成因，腦科學所記錄到的是內在生活留下的痕跡與印記。

我們可以說動物界在本質上也有這種內在生活，因為動物也能感受和回應。但人類的內在生活不只在體驗和回應，因為人類能夠以個體化的方式，獨立地思考、感受、以意志安排我們的生活。這樣的獨立活動留下痕跡，在大腦裡可以觀察到這些印記，但並不起源於大腦。在這些內在的面向和活動之中，我們才開始得以辨識出人類心－靈生命的實相。在所有大自然的存有之中，只有人類能夠以自我意志去改變和轉化外在世界。

是什麼賦予我們能力去改變周遭世界呢？是什麼使人類能夠去轉化呢？不是我們與礦物界的共通性（人的物質存有那一層），也不是與植物界相同的部份（我們的生命身），甚至不是我們的感覺身（人類與動物界所共有的）使我們擁有改變的能力。人類獨具改變和轉化的能力是因為一個事實：人類的存有超越了外在世界其他存在領域，人類擁有不同的內在生命特質。

人類有個體性，個體性所表達的是每一個人獨一無二的部份，個體性也帶來自我意識。作為人類，我們能意識到自己。我們用兩個簡短的字詞表達出這種自我意識，那就是「我是」（I am）。這兩個字把人類從動物的層次提升到一個自覺並且有創造力的靈性存在。

有些人依照一般化特性去判斷人類，他們在某個邊界之前就止步了，而那個界線之外，人的作為才是依據自由的自我決斷。在那個界線之內的事物當然可以作為科學檢視的對象。種族、部落、國籍和性別等特質形成了某些科學的內容。有些人只想要活成某個類別或屬性的樣本，只有這樣的人才會把自己嵌入由此種科學檢視所形成的一般化圖像裡。但所有這些科學加總起來都無法深入穿透個別人類的特定內涵。跨入自由的領域（包含自由地思考和行動），便要終止以一般化和種屬的法則去決定一個人的存在……當人們如此讓自己由一般性和種屬之中釋放出來時，才能被視作人類社群中自由的靈性存有。[3]

人類之中的靈性部份讓我們把生命活成獨一無二的個體化表現，然而，在此同時，那也是人與人之間最強大的凝聚力量。作為人類，我們都有「我是」的那個部份，但只有作為個體，我們每一個人才能對自己說「我是」。這樣的自我意識也表現於活在當下的能力，能夠專注、有目標地引導自己參與周遭的世界。透過「吾」，個人能夠掌握內在的生命；而思考、情感、意志的能力使我們得以在周遭的世界裡做出改變。透過「吾」，我們是個體化的存在，並且可以成為個別的創造性存有。

思考、推理、學習和理解的能力喚醒人類之中非常重要的面向。我們是思考的存有，透過我們的思考、推理和學習能力，我們也在生長和發展著。

若考量動物界裡的特定物種，並觀察牠們過去數千年來如何生長和演變，我們會發現牠們的行為或生活方式僅有少數的變化。

然而，若考量人類過去數千年的發展，我們會看到人類存在的許多領域裡發生了巨大的變化。我們的外在和內在生命都不同了。從人類壽命到理智能力及表達思維的方式，都發生戲劇性變化。我們稱為「社群生活」——人類如何共同生活——的那部份也發生重大變化：從人類定居在哪裡到社群生活每日例行的流程和事物，現在和過去已變得如此不同。

我們無法以同樣的方式去觀看各類動物物種的生命。動物界的變動是透過牠們與人類的關係而發生的。

人類能夠成為個體化的存在不只是透過我們的思維，我們也在感受中以個人化的方式體驗著世界，在感受中接納世界。我們不只是包覆於自己的內在世界，在其中思考和推理，我們也體會和感受著外在世界，透過這些經驗，我們得知關於世界上的事。

當我們看到一朵玫瑰，我們可以在內在經驗中感受到外在世界的這樣「外物」，那不只是聯想，而是那樣「外物」給予我們直接的影響。這種內在的活動帶來內在變化和學習，那是外在世界對我們的作用。這個作用發生在感知初起的時刻，但也可以在日後的回憶中再度重新喚起。

想想一位朋友微笑的臉龐，即便他不在我們面前，透過回想，我們仍然得到一個動人的內在經驗。在知覺的當下瞬間，或是在之後透過回憶去追溯之前曾觀察到的，我們都可以感覺到這些經驗觸動我們的內在生命。若我們不能讓世界進駐自身之中，並讓世界打動我們個人的內在經驗，人類會變成什麼樣子？

人也有決斷的能力，採取意志行動的能力。我們和獅子不一樣，人可以選擇自己要做的事，可以決定改變自己的飲食，例如變成蔬食者。即使我們生長在某種特定的文化、社會、宗教環境中，我們仍然能做出決定，改變這些事物，改變我們的行事作風和所做所為。

除非動物與人類的意志有所接觸，牠們一般而言不會出於自己的選擇而改變生活的方式。無論處境如何，我們都知道自己有個人意志。無論我們是否運用這股意志，人類總歸是有能力可以去安排個人生活的。

人類有能力引導自己的注意力去思考特定的事情，去回憶我們自己選擇要追溯的事物，讓自己聚焦在世界的某些面向上，以便能於內在體會那些事件，並動用個人意志去安排我們自己希望擁有的生活，這樣的個人能力、人類之中的這個部份到底是什麼呢？

人類組成分為四個部份（物質身、生命身、感覺身、吾／我是），各自都與另外三者有著連貫而一致的關係，也與環繞著我們的世界保持相應。這四層相互穿透和交織，使我們得以意識到個人的自我，也讓我們與其他存在建立關係。在同一時間裡，吸引我們與他者建立聯繫的事物有可能出現在人類組成的某一層或多層之中。一個人受到另一個人的吸引，這樣的經驗對許多人來說是很複雜的。

如何教導「性別與性」

人類的有機組織裡有不同的組成或不同的層次，這個事實也代表吸引力會來自我們內在的不同地方。雖然我們或許不曾區分吸引力的各種不同層次，但我們都能覺察吸引力有著不同的複雜形式，我們經驗過朝向他人或來自他人的誘惑。

當我們內在經歷到這些不同面向的誘惑，彼此之間發生衝突時，就更能敏感地覺察到由內在不同地方所出現的吸引力有何差異。對有些人來說，他們內在的不同面向和受到他人的吸引之間沒有衝突。這樣的人通常對性、愛和友誼比較不會有困惑或疑問。然而，就算沒有內在各種拉力之間的衝突，自然的吸引有時候是更複雜的，例如當一個人曾在發展的早期階段經歷過某些關係的模式，那些關係或許是環繞著他們的，也或許是衝著他們而來的。當我們要協助其他人去看見人際之間的吸引力會在何處以及為何走向不健康的發展，知道這些早年的經驗會很有幫助。

適時、適齡的教育

在年輕人成長的過程中，當不同特質的吸引力在不同階段裡被喚醒時，他們無可避免會有某種程度的困惑和疑問。早在青春期和性吸引力出現之前，孩子就開始在意識中經驗到自己受到他人吸引的感覺。由他人而來的吸引力以各種不同的面向開始進入他們的意識。孩子在進入青春期之前，很早就開始有迷戀或愛慕的經驗了。這樣的迷戀與性傾向或性無關。這是由於孩子們對其他人的個別存在及他們如何在世界上表達自己的個體性，生起了興趣與好奇。

若我們允許在童年時有這樣健康和天然的發展，不以成人那種帶有性意味的角度去看待，那麼這些經驗會讓孩子得到自由，去發展更深刻、更健康的內在能力。這樣的成長歷程會讓孩子有更豐富的內在世界。以賀爾蒙變化的生理現象為基礎，伴隨著性吸引力的覺醒，孩子會迷戀上不同的朋友或成人，這也是很典型的發展，但這不必然指出他們的性傾向。

在與年輕人工作時，要配合他們的年齡去教他們事情，這是很重要的。我們必須考量，為什麼及如何教授一些事情給成長中的孩童。性別與性這個主題與其他在學校裡會學習的科目不同，孩子經歷到他們身邊的成年人彼此說話與互動的方式，透過這些經驗，大人們認為是真確的事情大部份已經傳達給孩子了。

在我們有意識地進入這個主題的課程之前，我們對年輕人的教育就已經開始了。因此，若我們想要意識到自己傳達給他們的事情，就必須很清楚自己內心（即便是下意識）真正的想法，因為這些都會影響我們所帶給年輕人的一切。

讓年輕人知道我們支持他們現在的樣貌，也支持他們的成長與發展，傳達這樣的訊息是很有價值的，生命每天都揭示出新的理由，要我們如此做。例如，我們可以把握所有適合的機會和年輕人談論如何與他人培養健康的關係，包括照顧自己的身體，建立恰當的界線及尊重等。我們甚至要在孩子還在幼兒園的年紀時就開始運用這些機會，年幼的孩子當然還不需要認識青春期及身體的變化等正式的性教育課程，但在這個方向的良好努力會為將來的更深層對話打下基礎。幼小孩子或許會說：「男生就是那麼頑皮。」這就是一個機會，可以用適合他們年齡的話語去指正他們對性別的刻板印象。在孩子身旁談論到關於性別的事情時，我們要對自己的用語非常有意識，因為，很顯然地並不是所有男生都頑皮，但小孩卻已經形成這樣牢固的概念了。

兒童的主要照顧著對小孩有最大的影響，但是因為我們也都參與在集體意識裡，我們也都被社群的共同思維和習俗影響。即使個人的家庭裡已在性別刻板印象和性別主義等方面做出突破，年幼的孩子仍然會收到來自更大社群的印象，那是由集體氛圍傳遞出來的。我們每一個人對下一世代的教育都負有責任。

幼童期的性教育

幼小的孩子還沒有意識到性和性別，雖然性別常是孩子身邊的大人們對孩子的第一個認識——甚至在他們出生前就已經搶先知道胎兒的性別，男孩還是女孩？嬰兒一出生就被定型了，從他們如何被照顧，到他們「應該」如何表現自己，都按照外在世界的性別觀點被定型了。但是對幼童本身來說，在他們成長到大約五歲，更完整地進入到對身體的覺知之前，他們並未有意識地理解到身體形態之間的差異。

孩子在五歲之前透過模仿會說出「我是男生」這樣的話，有些孩子甚至能說出那代表什麼意思，他們會說「男生有小雞雞」。不過，他們要到四、五歲時才會發現不同的身體部位，那時，幼童的腹部變得比較平坦一些，而覺察的力量下降到新陳代謝系統。這個年紀的小孩常會對自己的生殖器感到好奇，可能在聽故事或者在遊戲中出神時，他們會自然而然地握著生殖器。多數情況下，這只是孩子的意識醒覺，注意到自己的身體而出現的自然現象。伴隨這個現象的是，孩子在語言上會出現大量和「下面」有關的詞語，例如便便、尿尿等，這是孩子開始注意到新陳代謝系統那部份的身體時所出現的共通現象。然後，他們開始探詢關於其他身體部位的事，這些新出現的興趣和好奇會顯現在他們想玩扮演醫生的遊戲。若孩子和相同年齡的玩伴，同性別或不同性別，一起玩扮演醫生的遊戲，這並不代表性欲或性別意識出現。這代表著他們開始注意到這些身體部位，因此，這也是好的時機，成人可以有意識地引導他們或給予一些指引的方針，幫助他們在這些玩伴之間建立健康的身體界線。在這個年齡之前，重要的不是有意識的教導或指令，而是整體的、隱含的人際界線。

在這個年紀所給予的教導不應該是針對「性」這件事，而只是要提高孩子的社會覺察，讓他們注意到反社會行為，就是那些把孩子捲入「自己身體世界」的那些舉動。我們給的教導也不必著重在性器官，而應該要聚焦在社會互動。孩子四歲之後，若他們在公眾場合裡仍陷溺在注意或玩弄自己的某個身體部位的話，那就是反社會的行為。若一個人在公開場合裡迷戀、固著於自己的鼻子，那也是反社會的，偶爾抓一下鼻子則是自然的。性器官也是一樣，若真的會癢，稍微抓一下並不會令人尷尬困窘，因為那就只是另一個身體部位。然而，在公開場合裡自我陷溺於某個身體部位的行為，這要在四歲以前制止。制止的主要方法是轉移注意力。拿另外一樣東西放到小孩的手中是有效的做法，或者，把他們引導到另一個活動，也就是讓他們的專注力回到他們在那個時候應該做的事情，而不是停留在他不應該在大庭廣眾之前做的那些事。

不過，幼童也的確會透過自慰來達到「自我安撫」，讓自己由外在世界中抽離。這有可能是孩子感官超載或是感官系統過度敏感的徵象。因此，我們必須以全觀的角度去看待會自慰的小孩，去了解他們的生命中發生了什麼。在這樣的年紀，自慰並不是由生理因素而來的性衝動，而是一種自身的感官經驗，這樣的經驗會讓孩子由周遭環境中抽離出來，通常是那個環境對他們來說太過刺激了。

面對孩子關於身體的提問，我們回應的方式透露出教育中的一個基本面向：我們的回應讓他們感覺到身體是天然的、需要被照顧的，還是可恥的、錯誤的？關於占據孩子整個生命世界的遊戲也是一樣。我們的回應流露出我們的基本態度：讓孩子自然而然地探索，或是批評他們的選擇。

到了四、五歲，孩子也會意識到大人如何對待小孩自己的選擇，例如，男生或女生可以或不可以穿怎樣的衣服，或者，男生或女生應該或不應該做怎樣的事。無可迴避的是，有些孩子在這個年紀就感覺到自己並不符合所謂的常軌，他們覺得自己格格不入，無法鑲嵌進入成人所提供的規範框架。他們已經感覺到自己與周遭的集體生活方式是不合的。孩子從一出生就在接收集體意識，但到了這個年紀，他們才開始覺察到社會的期待與他們自己的傾向與偏好之間的差異。

當孩子的意識下降到新陳代謝系統，他們的自我也開始與外在世界分離。這樣的二元性也反應在孩子的內在經驗中，他們會區分「我自己想要的」與「我被要求做的」。大約五歲時，孩子會覺察到外在事物與內在事物的不同，這樣的意識開始醒覺。

作為環繞孩子的社群，我們要去認知性別刻板形象無所不在，這是很重要的。孩子只要打開數學書就會看到成人社群是怎麼想的。數學這個領域本身是不分性別的，不像其他領域，例如運動，因為男孩和女孩的身體力氣及其他的一些差異，若把他們配對比賽會有些不均等。但是在數學書裡，孩子們還是會看到像這樣的描述：「傑克有十二塊磚頭，露西有六條粉紅色緞帶，傑克喜歡玩磚頭、蓋房子，露西喜歡幫她的洋娃娃用緞帶綁頭髮。」小小年紀的孩子已經感受到：「我不像我應該成為的那個樣子。」對大多數成長中的年輕人而言，有一段時間他們會認為自己心裡所想的與他們一直被告知他們應該成為的樣子，是不一樣的。對有些人來說，這樣的意識可能開始得很早，有些孩子在五歲時就會說：「我和我應該成為的樣子不一樣。」對其他人來說，要到更久之後，當人類組成中的更多層次被開展出來之後，他們才感覺能夠去評估自己與社群所抱持的普遍信念之間的關係。到了青少年階段，所有年輕人或多或少都會有格格不入的感覺，或者覺得在今日的世界裡找不到自己的位置。

在學校裡教性教育科目的老師對於談論性別和性等議題要感到自在舒適，這特別重要。老師所提供的教育若是想讓孩子和青少年得到自由，就要確認不能在教學中傳達自己的偏見。個人的偏見——無論它剛好與那個時候社群的主流意見相符或相左——都無可避免地會讓某些年輕人覺得自己「不屬於這裡」。

青春期的性教育

在孩童發展的不同階段裡，可以有意識地提供性教育和性別教育的不同面向課程。在學校課程裡，一開始最好是全班有意識地討論青春期，而不是性這件事。

在校園裡和孩子談論青春期的主要原因是，這有助於建立所有人對此事的社會性理解，並減輕孩子在身體自然發育的過程中感到困窘與焦慮。因此，雖然並不是所有小孩都會在同樣的年紀進入青春期，但只要班級裡有幾位已經進入發育，就開始把青春期這個話題帶進班上，這是很有幫助的。為此，我們可能需要在孩子十歲時就開始這樣的課程，然後每一年都要重複和深化。到了十三歲，所有少男少女都進入青春期了，學校可以導入更複雜的青春期課程，並且銜接到性的話題。這些課程內容要包含吸引力的各個面向及其內在複雜性，才能回應每一位學生在這個階段的狀態，並讓大家一起去了解班級其他人正在經歷怎樣的事（此即所謂的社會性理解）。

父母和教養者所提供的青春期教育必須把每一位孩童視為單獨個體，因為每個人會在不同的年紀進入這個階段，在他們開始發育之前就能先認識青春期，這是在支持他們的健康成長。父母或教養者要提供給前青春期孩子的預備是，在他們出現外在性徵之前，就提供給他們「青春期是自然的」這個圖像。

不過，在學校裡談論青春期則不是以面向個人為基礎，而是以社會性為基礎。我們如何在社會層面上面對青春期的身體變化，會成為日後人們如何彼此相待的根基。從孩童的身體過渡到成人的身體，這是一個自然的過程，並不與性相關，這是在幫助孩子正確地認識青春期。青春期的意義不是一個人預備好可以開始有性行為或性方面的活動，而是身體要成長，變成大人的樣貌。若能夠盡量以自然的、符合社會性的方式去面對青春期，便能夠幫助班上的孩子們發展出彼此尊重和相互照顧的態度。成人謹慎地關照如何提供青春期教育給孩子們，這樣的努力會在往後幾年發揮一股保護的作用。若國小中低年級班級裡能培養出彼此之間的友愛精神和深度的社會性理解——對彼此的相似處及差異處都有所認識，那麼當他們長大到更高年級，面對青少年階段的內在掙扎與衝突時，他們就懂得謹慎地給予彼此空間，而不是相互「發洩」在對方身上。

在我們這個時代，健康而有效的性教育必須是一種社會教育，它比較是和健康及福祉相關的領域，而不是傳統的課程，由生物、生理等機械式的面向去看待。社會教育的進程要從理解各種身體變化、內在經驗和青春期相關的生長等議題開始。社會取向的性教育和性別教育的重點不在於替代正式的性教育課程，而是試著讓這樣的課程更健康、更和諧，以此讓學習的內容活生生地進入孩童與青少年的經驗中。而且，我們不能忘記，這些孩童和青少年已經透過社群媒體吸收到「社會版」的性和性別教育，這些內容很有影響力且大多是扭曲的。

我們都希望讓孩子懂得這個社會要求他們如何去認識世界，並且在社群裡能夠與他人建立平衡的關係。認識青春期的課程要在孩子有需要並且用得上的年紀就提供，因為這已經是他們社會生活裡的一部份了。

青春期的平均年齡大約是十歲，在那之前，孩子當然已經透過社交場合裡的對話及他們所認識的人，得知大概會發生什麼事，這為將來直接而清楚地談論青春期打下重要的基礎，雖然如此，在青春期課程裡，孩子仍然需要感覺到教這門課的人真的了解青春期的種種經歷。不是說我們要找在學術方面有合格資歷的人來教，我們當然不是要以理智的方式深入挖掘這個主題，學生需要的教導者必須能夠輕鬆自在地談論這個主題，清楚傳達青春期會發生什麼事，並且讓青少年知道這一切再自然也不過。

當我們教導青春期在身體方面的經驗時，很重要的是我們以最自然、最人性的方式去面對這件事，這樣才能讓這個變化和過渡期的印象很和諧地進入孩子的心中。

也沒有必要把身體上出現的生理變化當做一件「特別的事」。有些人雖然沒有以太過理智的方式去教導青春期的事，但是又擺盪到對反的另一端，變成太過著重這個自然現象中的情感層面。因為孩子進入青春期就說「你們現在已經是男人和女人了」，這是當代人意識中一個錯誤的圖像。雖然在身體上的過渡是很重大的，但青春期的真實意義並不是孩子跨過這一關就進入成年了。舉辦青春期慶典或是為孩子披掛上正式的「青春期禮袍」，這些做法都太感情用事了，對於一個人剛剛甦醒的「具有自我意識的心魂生命」沒有多大幫助。

對成人來說，我們以十分個人化的方式去運用在青春期達到成熟的那些器官，這也呈現出每個人的獨特生命。事實是，對許多人來說，這些性器官在他們的成年生活裡並沒有扮演很重要的角色。今日，許多人選擇不生孩子，也就是他們並沒有把生殖器官當作繁衍的用途。對許多人來說，性器官成為歡愉的來源，也可能是在表達身體上的愉悅。對另一些人來說，性器官對他們的生命一點也不重要，他們也沒有把它用於性活動上。我們不應該以為性器官在我們自己的生活中所起的作用，會和其他人一模一樣。

破除迷思，發展社會性理解

老師在談到性別或性的主題之前，先把男生女生分組帶開，這對當代人的意識來說也是錯誤。這個做法不符合科學研究告訴我們的最有效學習方法，男女分開也不符合靈性科學所指出的我們當前的任務，也就是與青少年工作是要與他們個別的內在存有互動。男女分組在心魂教育的面向上帶來負面影響，也不利於青少年去感受自己在社群中的位置。從本質上來看，以外在性徵為標準去做男女分組，便是把年輕人塞進僵化過時的性別刻板印象裡。這無助於他們遇見這個時代裡出現的新的社會形式以及發展出社會性理解。

在所有這些領域裡，我們很清楚看到，要轉化過時與陳舊的事物，我們需要新形態的性與性別教育。在一九〇〇年初期，魯道夫・施泰納談到人們在這方面還有多少不足之處，雖然已有許多進展，但是只憑孩子的外在特徵便決定教養方式的做法，仍然帶來許多扭曲的效果，他說：

要特別注意的是，在華德福學校裡，我們一直是讓男女合班上課，直到高中……這個也帶來在社會層面的影響，也就是兩性之間的相互認識，這在今日極端重要。在這方面，人們的社會性仍然太不足夠，並且帶有偏見。[4]

把所有性別群體聚在一起學習青春期的生理，這不僅很有幫助而且是必要的，這樣他們才能同時認識自己，也認識他人，這就是所謂的社會性理解。要自然地完成這樣的教學，其中一個方法是讓孩子去看他們之前走過的成長週期，去回溯他們是如何完成換牙的過渡期。

以換牙為例是一個絕佳的方式，讓十到十一歲的孩子理解到，他們自己和同儕的身體會發生一些正常而必要的變化，當他們從幼童成長到大孩子的時候，已經有過類似的經驗了。

在一個班級裡，教育者可以問孩子是否記得掉第一顆牙的時候是幾歲。不是所有人都會記得，但許多人可以答得出來。有些人可能回答四歲，有些是五歲，多數人是六歲，有些人可能回答七或八歲。老師接下來可以談談，從掉了第一顆牙開始，他們會繼續換牙，這就是從幼童過渡到大孩子的過程，每個人都必須經歷換牙的過程。但是每個人的掉牙和換牙經歷還是不同的，有些人一次掉好幾顆，而有些人在規律的間隔中一顆一顆地換，還有一些人換牙的次序不按規矩來，東缺一顆、西漏一個。

有些人喜歡掉牙，他們甚至很享受去搖晃鬆脫的牙齒；有些人覺得換牙很辛苦，要刻意避免吃硬質的食物，以免咬痛自己；有些人覺得換牙很不舒服，他們要一段時間才能漸漸適應。每個人與這種變化的關係都很不同。但基本上要從幼童的身體長成大孩子的身體，所有人都必須經歷換牙，乳牙要脫落，才能長出恆齒。從掉第一顆牙開始一直到換掉最後一顆臼齒，這個過渡期要經過好多年，才能換得一口完整的「大人的牙齒」。並不是一夕之間，孩子嘴裡的牙齒就全部換成大人的牙齒。而是，雖然還沒變成大人，但是他們慢慢地長出未來要使用一輩子的恆齒。

了解這整個過程可以讓我們把換牙和青春期的經歷連結起來。就像換牙，青春期的第一個徵象在每個人身上當然也是在不同年紀出現。青春期只不過是另一個生長階段，走過這階段，一個人的物質身體由孩童的形態朝著成人的模樣發展。

青春期開始發動的第一個身體徵兆最常出現在九到十三歲之間。不過，與換牙相同，整個過程並不是一夜之間完成，就像我們不是晚上睡個覺起來就長好滿口恆齒，青春期也不是孩子有一天早上醒來就「轉大人」了。和換牙一樣，青春期的徵兆和階段也需要好幾年時間才能完成。

面對十、十一、十二歲左右的孩子，與其教他們青春期的知識，不如請他們描述青春期的徵象。在青春期的時候，身體會發生什麼變化？透過詢問孩子知道哪些事，成人可以得知他們心裡對青春期的想像為何。教師也可以利用這個機會調和、平衡一下孩子既有的想像，為他們帶來一些療癒。這也是破除迷思的大好機會，這些迷思在孩童個別的心中及同儕之間所留下的印象會帶來阻礙。

一般來說，老師最好在十到十一歲之前回應孩子心中對青春期已有的圖像，不必增添全新的內容，而是運用學生們已知的事情去擴充或加以整合。舉例來說，十歲的孩子知道青春期時身體會發生變化。他們常會說類似這樣的話：「女生會長出大奶奶。」這樣一個由孩子口中說出的簡單陳述可以發展為一個想法，去調和他們對自己和對他人的真實認識。

老師或許可以這麼回應：「是的，如果你的身體主要是女性的，那麼你的胸部組織周邊很有可能會發生一些變化。但你們可能有所不知的是，這樣的事也會發生在以男性特徵為主的身體上，那也是很自然的。」當他們的身體尚在成長和變化中，尚未妥適地融入最終確定的樣態和形貌之前，這是一個談論身體會如何經歷各種變化的方式。

再舉個例子，孩子的這樣一句話也可以延伸為跟他們說：「我們沒辦法決定自己胸部的大小，因為那是生理和遺傳的一部份。」這又或許可以再延伸到睪丸和陰莖的尺寸，以及睪丸和陰莖也會變大，只不過它們的成長不像外在可見的胸部發育那麼明顯。這是一個機會教育的時刻，我們可以和孩子說，在青春期的過渡階段，我們要尊重和善待彼此，所有人都會經歷轉變，但有些人會比較不舒服，因為他們身體的變化比較大。老師也可以談談身體形象及其如何影響一個人的心理健康。再從身體形象延伸出去，或許可以談談青少年的意識狀態也會改變，變得與他們自己小的時候不一樣。我們可以提醒少年們去回想，在幼稚園的時候，他們不會顧慮其他人對自己的看法，對自己的穿著或長相有什麼意見，但是現在他們長大了，變得更加在意這些事。此時是一個好機會去提及人有三重心魂經驗（在第一章已經提過的：隔絕孤立、害怕被拒絕、渴望被接納），這些經驗會在某些時刻於內在展開，也可以解釋在他們現在的年紀，已經有人會害怕被拒絕，並且想尋求群體的支持。另外，也可以談談所有青少年在這個年紀都會經歷到一種渴求或嚮望的情感，好像他們的生命中缺少了或錯失了什麼。老師也可以說，在這個年紀的人不時會感覺孤單、與世隔絕，或者與人疏離。

孩子對青春期已知的每件事都是一個機會，讓我們可以幫助他們更理解自己與他人。每一年，他們都會再學習到更多。

到了十二歲，關於青春期的所有面向，如果有班上孩子還沒主動提出過的，老師都要補足，例如，十歲的孩子很少會提到性衝動或自慰是青春期的現象，而是會提到比較外在的變化，像是身型、胸部發育、毛髮生長、體味及情緒上的轉變等。到了十二歲，讓孩子對於青春期的影響有全面的認知，並讓他們知道人與人之間的個別差異可能會很大，這對他們會有幫助。

面對十三歲的孩子，我們可以關注於一個事實，班上多數的人在生理上都可以生兒育女了，然而，有多少十三歲的人真的準備好為人父母呢？在此，我們看到生理上的預備度及內在成熟度之間的差異，而後者是我們處理與他人發生性活動和愛情關係時所需要的。

除此以外，這也讓學生們清楚看到生理過程與人類心魂生活之間的區別。我們可以開始和他們談論一個事實，也就是我們暫居的這副軀殼並不是生命道路的決定性力量。若身體是主導力量的話，我們就會像動物界裡的哺乳類動物那樣，從身體準備好的那時就開始繁衍孕育下一代。

從這樣的想法再繼續發展，延伸進入青少年的經驗，我們可以開始區分人與人之間相互吸引的力量，哪一部份來自生物性，哪些力量來自個體性及我們的人性。人際吸引的哪種形式使我們有別於動物？

和十三歲的少男少女們相處時，我們可以開始從社會的角度去探討這些問題：我們為何會受到他人的吸引？或者，在社會化裡，我們被告知怎樣是有吸引力的？透過提出這些問題，老師得以一窺社群媒體對這個年齡段的影響，然後可以協助去調和這些偏頗的印象。

在討論的過程中，我們可以寫下所有被認為是有吸引力的事情，然後再提問：這些是由生物性而來的嗎？若是，那麼在動物界裡應該也可以看到同樣的事。

舉例來說，有學生可能說大胸脯或結實的腹肌是有吸引力的特質。雖然我們無法知道動物是否依照這些條件在選擇伴侶，但我們知道在某些動物群體裡，外在可見、代表繁殖能力的身體形象會決定交配的可能性。

在動物界裡，公鹿會相互爭鬥以確定誰的力氣大，最強壯的公鹿可以和較多頭母鹿交配，以便繁衍出更強壯的子嗣。最有力量的狗會得到最多食物和交配的機會。去觀察大眾及社群媒體上所呈現出來的吸引力特質，有多少也可以在動物界找到相應的呈現，這會是很有趣的探討。

讓年輕人一起做這樣的練習是很棒的，因為年輕人大多不會去覺察社群媒體傳遞的吸引力特質中包含這些訊息，因為他們受到過多外在圖像的轟炸，瘋狂地告訴他們什麼才是有吸引力的。但他們也知道，吸引力不只是單純的外在事物，還有更多其他的部份。當他們聽到班上同學分享，除了外表之外，還有哪些特質是有吸引力的，他們會覺得如釋重負。通常大家會提到的特質，例如幽默，如果有人可以使別人笑出來，那會是有吸引力的。還有，每個人的獨特個性，無論是善良或是體貼等。這些觀察和意見會開始在班上蔓延開來。同學們漸漸會分享出一些共通的吸引力特質。大家會發現有共同喜好或興趣的人彼此之間會相互吸引，年輕人表達出他們感受到的吸引力，都是純粹人類才會有的特質。

再看看大眾和社群媒體呈現出來的所謂「魅力」，主要來自外表、權力、名聲、金錢等。年輕人自己很快就會辨識出相對於較為人性的吸引力特質，這些特質不那麼重要。

性別議題

在這樣的對話中，我們才開始真正正視社會的制約，它是把人們帶離人與人之間深刻連結的最重要因素。

我們也可以利用這個機會去檢視不同文化之下的社會制約，根據出生時的性別而決定一個人應該展現怎樣的行為以及怎樣才是有吸引力的。例如，在印度文化裡，年輕男子（無論性傾向如何）比較可以在公開場合表現出相互之間的親善情感，他們可以在人前牽手、大方地互擊胸膛、在大街上勾肩搭背地行走。

我們也可以觀察在某些文化裡被公認是有吸引力的事情，因為其他文化的影響而漸漸發生轉變的現象。我們會發現，依照一個人的出生地，他會大幅度地受到當地的社會文化制約。

這不只顯現在一個人的外表，而也包含一個人在那個文化裡能做什麼事及能穿什麼衣服。當我們檢視不同的文化，並探討文化中對男性和女性有何期待時，就會開始了解社會制約如何影響我們的觀感，人們對男性和女性的合宜舉止會有怎樣的期待就是來自於此。

我們也可以回顧歷史，看看曾經發生的變化。舉例來說，不久以前，女性穿褲裝不是一件平常的事。而距離現在更近的是，男性留在家裡作全職主夫是不太可能的。

對男女雙方來說，這樣限縮的人生選項不是太久以前的歷史。現在的女學生可能會覺得很奇怪，但實情是，在過去，妳若出生在西方世界並生為女兒身而想要投入職場，妳只能選擇教師、秘書或護士等職業。

透過這些對話，學生可以了解，關於性別這個議題的社會變遷是一個持續不斷的過程，他們也會得知，依照出生地的不同，每個人會得到不同的教育，每個人自由地為自己人生做選擇的程度也有所不同。學生也會看到社群媒體持續加諸在他們身上的限制，特別是年輕人的身體形象和過度性化[5]（sexulization）的現象。學生會發現媒體把年輕人性化已成為常態現象，這使得許多人以為要在意這種別人的目光才是正常的。

在十二、十三歲的年紀，讓年輕人深刻理解成熟的過程，這比教導他們身體的機制要來得有用許多。前已述及，我們可以在「話說青春期」（puberty talk）的課程裡和學生談談青春期會發生的情緒變化，但我們把對性別與性更深層的理解也帶給年輕人，這會幫助他們度過青春期中比較困難的部份。我們這個時代的學校教育要把社會性的理解視作課程內容的一部份，這似乎是必要的。然而，在家庭生活裡，早在學校談及這些內容之前，就可以用自然的方式融入這些話題，這也會對年輕人很有幫助。我們必須了解，年輕人透過同儕關係和社群媒體所接收到的教育，主要是強調外在形象或情色欲望等的內容。因此，我們的任務是要給年輕人另一種視角。

性關係與性傾向

年輕人在同儕之間和大眾媒體上所接觸到的性的世界，通常是令人困惑和不安的。當年輕人在經歷和感知自己內在和周遭所發生的變化時，若我們可以提供給他們促進健康的圖像，把這些變化視為自然的現象，這會幫助他們感覺安適自在一些。但這些圖像也要能夠讓他們理解到一件很重要的事，那就是，對人類來說，性關係不只是純粹的生理衝動而已。這個訊息很重要，因為孩子會以為他們內在出現的各種受到吸引的感受都代表著相同的經驗。

在家裡，我們也要教育孩子人際關係的複雜度，並說明我們為什麼在人生中的不同關係裡有不同的做法。若孩子問：「你什麼時候有第一次性經驗？」若孩子已經達到可以明確討論這個問題的年紀，那麼你就有機會可以分享這種經驗的複雜性。不要只是說「我那時幾歲」，多談一些那個事件裡有人味的故事會比較有益處。和孩子說說在進入性經驗之前，你感受了什麼，在決定要發生性行為之前，你的內在狀態如何，讓孩子認識人性的豐富樣貌。我們的分享必須真實而完整，也讓孩子了解那個決定如何影響了自己，以及我們現在更加成熟之後回過頭去看當時，如果能夠重來，會希望有怎樣不同的做法。不要只是聚焦在性行為的單一事件，我們應該試著把這樣的事件當成人類經驗的完整圖像，在這樣的經驗之中包含著我們存有的一些面向，我們帶著這些面向活躍而投入在所有的人際關係裡。

面對十四歲的青少年，我們可以開始釐清吸引力會有哪些不同的面向，因為少男少女們自己已經有些經驗了。十五、十六、十七歲時可以再把這個議題深化，每一年帶入更多層次的思考，隨著他們理解能力的增長，對這個議題也更熟悉。對年輕人來說，當我們提供越符合他們自身經驗的性教育，並幫助他們了解自己的親身經歷，就越有助於他們認識自己的同儕。

很重要的是，我們必須和年輕人討論人際吸引的本質有多重面向，而不要讓他們以為吸引就只是和性衝動有關，不是只有性行為是需要討論的。這樣才是社會取向的性教育和性別教育，我們不可能等到全班都滿十六歲以後才開始要他們意識到性行為的社會面向。

一個人不一定要到成年才能夠清晰區辨自己內在出現的不同層次的吸引力。即使成年以後，有些人仍然覺得四個身體層次的不同吸引力之間是流動的，因此他們選擇不把自己的性傾向或戀愛對象固定在某一個範圍內，而其他的人可能對自己的傾向很篤定，雖然他們也有可能之後會改變。因此，每一個人可能都需要一段時間去確認自己的性向，因為吸引力於我們內在各個層次的運作之間有著複雜的互動。

我們可以觀察當代人如何嘗試以各種不同的方式表達這些內在經驗。有些人可能會說自己是雙性取向的異性戀者，意思是他們同時受到男女兩方的性吸引，但只會愛上異性。有些人可能說自己是泛性戀（pansexual），意思是他們感受性吸引、而有可能發生性交往或性關係的對象是與對方的性別認同或性傾向無關的。這些詞彙在大眾文化中出現，其意義不斷變化。我們不是要教青少年認識大眾文化，而是要帶他們深入認識自己的所思所感，無論人們以什麼詞彙稱呼那樣的現象。許多人會覺得這些稱呼或標籤太狹隘了。我們主要的任務是支持年輕人的自由，但是追隨大眾文化並不是自由。然而，給年輕人一些工具，幫助他們去理解和評估大眾文化裡的現象及他們自身的經驗，這可以支持他們的自由。

在物質身的層次裡，我們可以找到性吸引的生物基礎。在人類演進的這個階段裡，多數人的身體呈現出單一性別的本質，因此，多數人的物質身傾向是男性的或是女性的。雖然，隨著科學的發展及人們的相互認識進入到更深的程度，我們也知道所謂的「男性、女性」是一個廣泛的光譜，甚至深入到每個人的生物、基因、賀爾蒙等複雜的組成。

我們的物質身表現出不同程度的「男性、女性」特質，這並無法解釋我們與另一個人之間產生的「化學反應」。出生時的物質身為男性或女性並不能決定我們會受到怎樣的人所吸引。生理上的賀爾蒙作用只能部份解釋人與人之間的性吸引力。生物過程和我們的基因設定在物質身的性吸引上扮演重要的角色。從人類學和生物學的角度來看，受到另一個攜帶不同基因的人所吸引，對我們下一代是有益處的；在生物的層次上，我們比較有可能受到與我們自己有相異基因組成的人所吸引，這有助於強化人類這個物種的生存。然而，由賀爾蒙和基因設定所促成的生理吸引，並不能完整回答我們為何特別受到某些人的吸引。

從生物的角度看來，我們可以說因為男性的身體有睪丸，它每天製造出上百萬個精子，由生理而言，這樣的身體自然是傾向多配偶的，想要「四處撒種」。這個事實說明了男性身體本身有著強大的生殖驅力。這也會影響人際之間的相互吸引，例如，當這股驅力比較強大時，人會對性事有較大的興趣。從單純的生物層次來看，若我們只是哺乳類動物，那麼我們所經驗到的人際吸引就全都是由性本能的力量所組成。在男性的身體裡，這股力量就成為盡可能在世界裡撒種的驅力，為了延續人類這個物種。

若純粹只有生物繁衍的目的，男性會被驅動到每天都有性行為，而女性每個月只有一次繁殖的機會，所以會朝向每個月一次的性活動。一般而言，我們選擇與他人建立關係並不僅出於生物驅力的因素，而是因為性情相仿或理念相合而彼此結伴同行。

研究顯示，女性在排卵期的時候更有可能「欺騙」他們的單一伴侶。排卵期的性─生物驅力促使女性出軌，因為這是她們有可能受孕的時刻。這樣的生物驅力和化學反應使我們受到另一人的吸引，這似乎不是人可以主宰的。那是在身體系統裡出現的狀況，我們沒得選擇，只能決定是否要依照這樣的驅力行事。

性化學反應不是人際之間相互吸引的唯一面向。我們也知道社會條件也在吸引力裡扮演了一定的角色。除此以外，受到家庭和宗教觀等的影響，我們會受到某些人的吸引，並覺得自己可以和他們共度人生。很有趣的是，我們可能會發現自己受到某人的性吸引，但是並不想和他／她共度人生，不想把這個人納入到家庭生活裡。在性事方面可以和這個對象享受魚水之歡，但是並不想把他／她帶回家介紹給父母親認識。在此，人際吸引中的社會面向與生物面向產生扞格。

社會制約與集體意識

個人也受到家庭、大眾文化和社群的影響。生命身承載著血緣及遺傳之流。人類身體的這一層組成透過與他人的共同生活而維繫著社群。雖然我們透過心魂生命在參與社會，但人們共居並分享彼此的生活是透過生命身。終其一生，我們在生命身的層次都受到社群的強力形塑，所謂的社群就是與我們一起生活的那一群人。

社會制約也決定了性別角色，並且把性別角色分派給不同的身體形貌特徵。這些角色會隨著每個社群的集體認知變遷而轉換，因此，不同的社群依照他們目前的認知，會對性別角色有不同的期待。一個社群越發展出「自我意識心魂時代」的力量，就越不會出現性別上的制約。即便在比較少以性別刻板印象做角色設定的社群裡，年輕人也時常感到驚訝，在他們認為是個人自由和個人欲望所引導的人際吸引裡，他們發現社會制約仍然有很大的力量。當年輕人開始探究社會制約對自己和其他人的影響時，他們通常可以看透這股影響力的真相為何。他們開始明白人們認為有性吸引力的那些特質，其實是大眾文化刺激出來的。他們會開始意識到關於身形、大小、比例等的各種流行趨勢如何影響自己。

當他們辨識出自己受到某種長相的人所吸引，是因為受到大眾或社群文化的影響，他們會很震驚。社會制約在人際吸引這件事情上有著顯著的作用，從表面上人們會受到何種身材、哪種長相的人所吸引，到更深層的集體精神層面，都有社會制約的痕跡。

出生在不同文化裡的人就受到不同文化的影響，也包含人們認為怎樣的人是有吸引力的。在社會制約之中，若我們想要在人際相互吸引的經驗上能更自由，就需要試著去看看到底是什麼使我們受到另一人的吸引。我們比較有可能受到那些在文化中被認為有魅力的人所吸引。在西方，權力、威勢、財富、名聲等都是在社會制約下，會為一個人增添魅力的特質。這或許就是為什麼有一位家喻戶曉的名人說：「若你是名人，你可以對他人做出任何有性暗示的舉動，但仍可以毫髮無傷、全身而退。」這對美國主流大眾來說不是什麼令人髮指的事，雖然美國社會裡的許多人仍然無法想像這樣的事在文化上是被接受的。

文化是人們集體意識的結果。每一個社群都有自己的集體意識，這樣的意識影響著社群中每一個人的內在生活。不僅如此，社群裡的每一個人也都影響著社群的集體意識。天平會傾向重的那一邊，人數眾多的那一方會勝出；若想要為務實生活帶來轉變，集體裡的大多數人必須要願意改變。

對有些人來說，看到某些錯誤竟然被大眾所接納，實在令人感到錯愕。集體意識並不遵循著「政治正確」[6]（politically correct），所謂「政治正確」也就是我們想要其他人按照我們的信念去思考；其實，集體意識透露出社群的深層信念，雖然這些信念不見得和社群內每個人的深層信念相符合。我們都受到集體意識的影響，我們每個人的內在真實信念也都為集體意識添加一抹色彩。

不過，我們為集體意識添加的色彩並不是來自我們以為自己是怎樣的人，也就是我們傾向或喜歡自己成為的樣子，而是來自無意識和潛意識中，我們真正的思考和感受。若我們只是從外在去壓抑自己真正的想法和感受，那並不會改變集體的氛圍，因為這個氛圍顯露出來的是隱藏在人心之中的事情。

在「政治正確」中，我們特別可以看清這個現象。我們可以為自己的性格套上一層罩袍，顯示出我們相信眾生平等的精神，但我們真正的感受——那深深活存於我們心魂之中的感受——才是真正會進入集體意識裡的。這才是會持續影響社群生活的事物。這也是為何許多人會覺得極端的種族主義和性別主義仍然存在我們的世界裡，雖然由外在看來，這些似乎都已過時或消聲匿跡。仍然感受到這些錯誤存在的人就會知道，一般印象以為這些信念已經遠離，那只不過是政治正確所造成的假象。政治正確及施行正確的社會制度並不會改變人心深層的信念。在社群裡多數人的基本社會態度有所轉變之前，集體意識的氛圍並不會真正變化。

當青少年開始成為社群的一份子，脫離了被保護在家庭生活裡的童年階段，他們就開始要為自己給集體意識所添加的內容負起責任。也就是在這個階段，每一位青少年開始從他和她存有的深處，活躍地參與和投入集體氛圍。

青少年也在為集體意識添加他們的個人色彩，所以直接教導青少年關於性別制約和刻板印象的作用及後果就顯得格外重要。這是社會教育[7]的一環，也是家庭和學校需要特別注意的。研究顯示家庭暴力與性別不平等直接相關。但性別不平等不只是外在可見的現象，例如身體或心理層次的支配或壓制，還有更深的意涵。

性別歧視

處理性別歧視比人們所想像的還要困難，因為這樣的心態存在我們的意識領域之下，我們甚至不需要說任何話就可以使他人留下性別歧視的印象。許多年輕人都在老師的言行之中體驗過這個錯誤。偏見不一定總是來自明顯的刻板印象，例如男性教師對著聚在一起聊天的年輕女學生說：「妳們是在八卦男生的事嗎？」歧視也可能來自教師對男性和女性角色所持有的深層信念。問題不在於一個人恰好被安排在什麼樣的角色或位置上，而在於人們以其擁有怎樣的性器官而被歸類到特定的角色或位置。有些人的家庭生活看起來像是在一九五〇年代的性別角色分工之下，但這樣的安排仍有可能是出於「自我意識心魂」的力量，若他／她們是自己選擇這樣的分工，而不是以生理性別為限制，決定一個人可以做或不可以做什麼。年幼的孩子或許會喜歡傳統上被標示為「男生的」或「女生的」玩具，那是社會預設男孩和女孩會喜歡的，但他們仍然會表達個人的需要和願望。重要的不是外在看起來如何，而是我們是否相互尊重並考量到每個人的個別需求——不只是他們現在的需求，也包含在持續發展的過程中，一個人內在逐漸開展出來的個體性。

對性別或性的定義與劃分不只是一股由外而來的壓迫力量。它也包含了內在的面向，也就是物質主義的思維，把一個人的性別和性向與其個體性混同起來。有些學校甚至把學童依照性徵做區隔，分組上課，然後詢問孩子：「女生想知道關於男孩的什麼事情呢？」這麼做的學校自以為「現代化」，但青少年會感覺到（即便不是完整地意識到）他們以性別、而不是個體性被定義。當我們要和學生談到持續影響著他們的那些不健康的性別刻板印象時，很重要的是要讓所有學生在一起。我們要避免那些會強化社會制約的遊戲或提問；相對地，我們應該要讓學生注意到這些提問背後的錯誤，例如，預設所有男生想知道關於女孩的事情都是一樣的，反之亦然。這樣的提問暴露出教育者的侷限，對個別學生帶來不良的影響，因為那強化了集體意見的力量，預設了有所謂的「正常」與「不正常」。這麼做無助於發展個人特質，反而可能會壓迫個體性。

年輕人對這樣的事情比我們所以為的還要敏感，若我們不能有意識地保持更高超的圖像，就像年輕人內在所抱持的想法，那我們就無法引導和教育他們。這樣更高超的圖像表達出「我在乎的不是你和誰上床或你在這方面的欲望如何，我想知道你是誰、你在想什麼、你對什麼有興趣」。這是今日的教育者都需要採取的姿態，因為我們內在的無意識部份透過集體意識的運作，都分享給周遭的人了。

我們深層的內在存有也在一對一的人際關係中傳遞給其他人。一位強烈關懷孩子靈性成長的教師，與一位只把教學當成工作，下了班回家就不再關心學生的老師，對孩子的影響是很不同的。

我們和什麼樣的人相處對我們內在會發展出怎樣的信念有很大的影響。特別是在童年時期，當孩子還沒有辦法更正周遭環境中的錯誤時，他們只能承受這些錯誤，有時，孩子也會因這些錯誤而受苦。內在承載的動機與欲望不相容於社會大環境的設定時，這些人的成長歷程當然會格外辛苦。

吸引力

我們個人的內在生活對於我們會受到怎樣的人所吸引當然有著很大的作用。與人際吸引相關的內在生活經常是由情緒構築起來的，這部份的內在生活是在情感生命中的。年輕人通常在此處比較容易「迷戀」上他人，也是在此，他們會有「陷入愛河」的感受。因為迷戀另一人而經歷到情感生命被耗盡的感覺，這對年輕人來說是一種壓倒性、難以抵擋的感受。在情緒上受到另一人的吸引也常使人不知所措，就像生理上的吸引一樣是不由自主的。

墜入愛河或是迷戀上他人會帶來內心巨大的衝擊和混亂，這有時會違反社會制約，也就是違反周遭的人們對合宜行為的接受度。有時，一個人也可能違反社會期待他「應該」或「不應該」經驗到什麼，還有「可以」或「不可以」愛上什麼人。

在對與錯之外，有另外一片領地，我在那裡與你會合。

詩人魯米

我們甚至會愛上我們根本不會想要與其發生關係的人。例如，學生對老師的迷戀。我們有可能喜歡上有不同性取向的人。我們可能迷戀和我們有著類似或十分不同身體的人。迷戀或是墜入愛河的經驗不見得能夠幫助我們區分出自己的性取向。

這個面向的吸引和迷戀十分有助於認識我們內在世界發生了什麼。我們是受到另一個人的能力所吸引，受到那個人擁有而我自己缺乏的那樣事物所吸引嗎？或者，是因為自己在那人身旁時會出現某些內在感覺而受到吸引呢？若是如此，在那人身旁時，我們內在被撫慰、滿足或放鬆了的是什麼？又或者我是受到類似的內在經驗或模式所誘惑？像這一類的吸引力，我們有時弄不清楚自己到底受到什麼引誘。若剛好又有生理上或社會因素的吸引力，那麼情況就更加不明朗了。然而，我們知道這種捉摸不定的內在吸引力本來就存在，而且可以單獨存在，因為我們會覺得某人很有魅力，但卻一點也不想和那人發生性關係，或是我們會迷戀並不符合社會所能接納的對象。

當一個人的自我發展得越多，就越會注意到吸引力的另一個面向，那就是我們會受到對自身成長和進步有助益的人所吸引。兩人彼此之間並不一定有很多的共通點，但兩人都認知到在這樣的關係裡，彼此會變得更好、成長得更多。我們會了解，兩個人只是互相知道對方的存在，就已經能夠幫助彼此的成長與發展。若愛上對我們個人成長沒有幫助的對象，那真是很惱人的一件事，我們的情感與那人纏繞在一起，但那人卻會減低我們的自信或是阻撓我們的成長和發展。

年輕人知道，如果在一段關係裡有得到成長與學習，即使分手了也不會有遺憾或悔恨。雖然在放手時會有痛苦，但我們一生都會感謝這樣一個人和一段關係曾經出現。兩人共處的時光所帶來的滋養會一直留在心裡，那超越了外在關係。看到時下的年輕人對關係有著強烈的覺察，他們能區分與時俱進、相互支持、彼此成長的關係，與限縮、減損和阻礙個人經驗的關係，這真是令我感到讚嘆不已。他們通常會說這個人「觸動我」。這樣的經驗很重要，幫助年輕人出於強烈的自我感而能夠找到與世界的連結。

在與十四到十六歲的年輕人討論到吸引力的這些不同層次時，我們可以再深入一些。到了十六歲時，所有人都已經親身體會過不同層次的吸引力了。在混齡團體裡討論這些話題的主要用意是，年輕人可以有更開闊的社會覺察，認識在我們生活中和社群裡的其他人。若我們能碰觸、認識自己的內心，就能開始去感知、了解其他人，即使他人的思考和情感可能和我們自己很不相同。

在吸引力的其他領域裡也是一樣，我們通常會尋找那些擁有我們所缺乏的能力或力量的人。同時，這種吸引力更深刻的面向也讓我們看到，人們會受到那些可以深度交談的人所吸引。在這些對話裡，說和聽雙方都可以更清晰地認識到自己與身旁廣大世界的關聯為何。

人際吸引的這個面向在我們所處的時代格外重要：它讓我們找到可以互動對話的人，在這些對話中，我們可以有創造性地延展自我，朝向對世界的開闊認識。當兩個人彼此「共鳴」或「同步」時，當兩人之間交流的思維超越了任何一方單獨所能達到的思考時，他們就成了亦師亦友的人生伙伴。

這樣的經驗需要我們自己與他人的意識之間有緊密的交流。我們開始與另一人分享一些觀念，以及這些觀念對我們的意義為何。在這些對談中出現的想法帶領著我們未來持續成長。我們覺得這些對話提升了自己，感受到自己的存在被提高到更大的可能性。同時，我們也覺察到透過向他人開放自己，我們的個體性得以表達並變得更加清晰，使我們自己也更加了解自己。

所有人一定都曾有過這樣的經歷，自己之中的一部份受到拉扯或吸引朝著一個方向，而自己之中的其他部份並不想跟隨，這使人感到身心俱疲。我們當然也知道有一些關係的維繫方式與我們的親身經驗大異其趣。有些關係互動良好，但沒有性的親密在其中，而有些關係以性為基礎，而幾乎不包含友誼；有些維繫了長久時間的關係是惡劣痛苦的，然而雙方都感知到這是彼此走向成長與成熟的正確道路，另一方面，有些長期關係只是出於社會或經濟的原因而持續的。關係的組成和樣態有千萬種不同可能，超過我們的想像。

有些關係讓人覺得另一個人「符合所有的條件」，是個完美的對象。他覺得那個人散發著性吸引力，想要與之共度一生、共築愛巢，他不僅愛上那個人，也覺得那人是自己要開展出一條獨立的生命道路中不可或缺的一部份。人們通常會把這看作是理想的關係，並且認為這樣的關係會支持也代表著生命的實現與完成。然而，每一段關係對身處其中的人來說都是獨一無二的。作為社群的一份子，我們要成全其他人能達到此種理想狀態，最好的方式就是不要用我們自以為是的是非對錯去評斷其他人的愛戀或所受到的吸引。

吸引力的四個層次

所有年輕人都會在不同層次的吸引力之間經歷過某種形式的衝突。衝突的感受是發展自我覺察的一個方式，也讓我們了解一段關係的潛在可能。年輕人可能遇到的最大困難或挑戰是他們愛上了對自己的成長並無幫助的對象。

年輕人感受到不同層次的吸引力之間存在著衝突，這是很普遍的經驗，但是發現到愛戀的對象會降低我們的自信、減損我們的自尊，並且阻礙我們的成長與發展，這是極端痛苦的領悟。若這個對象又不受社會接納，或不容於我們所處的社群，情況就變得更加艱難。最困難的關卡是，我們內在所感受到的各種吸引力和愛，與我們的自我相衝突。

透過這些不同層次的吸引力漸次開展與彼此互動，我們也會開始更深入地認識人際之間相互吸引的這種經驗的本質，而我們的性傾向不見得總是與自己的期待相符。

每個人身上出現的吸引力都有不一樣的複雜度，而透過認識吸引力的不同層次，我們也可以了解如何發展自我。所有靈性修持道路的共通點之一便是，認可愛在個人發展及朝向靈性世界之路上的重要性。受到吸引可能就是認識偉大之愛的起點。

吸引力的層次——生理驅力、社會共通性、情感連結、共享的意識——這四者通常都以興趣或欲望作為起點，但也有可能發展成為真正的無私之愛。雖然，這四種吸引力的形式都有可能排除了愛，但它們也同樣都有可能孕育著愛。

狂野的力量

我們心中有著美妙又狂野的力量

把那碾磨的齒輪轉向內在
填滿麻袋
那甚至能讓
天堂也飽足

亞西西的聖方濟 8

這四個層次的吸引力可以轉變為四種愛，若我們培育、滋養著吸引力並把愛賦予其中。首先是性吸引力，它表現在我們身上的性化學和生理驅力。當我們全然臨在當下，並與另一人共享、連結在身體的親密交流中，它可以成為朝向另一人的感官之愛。

其二是來自社會層次的吸引力，它所呈現出來的是由更大的文化、家庭或同儕團體所賦予的對於吸引力的圖像。這種吸引力的特質在時間之流中被發展得更強韌，透過我們在生活中與他人結盟（成為伴侶），透過教養子女，讓「家庭」裡的所有成員都得到關愛、支持與和諧，那麼它就成了血緣相繫之愛。

第三，在我們的內心生活中有著以感受為基礎的吸引，我們受到他人的吸引，其中的情感成份就在於此，這可以呈現為深刻的興趣、迷戀，或者是墜入愛河。心魂之愛在所有人類之中滋長，許多人感受到這股力量在心中綻放，成為深刻的友誼之愛。

最後，作為獨立的、個體的「自我」，我們感受到其他人的吸引力，也就是感受到自己對他人的意識，此種意識是會發展和進化的。這樣的愛稱為**宇宙愛**（universal love），它仍處於初步萌芽的階段[9]。

當這四個層次的吸引力自然地舒展時，便能帶領我們在愛的能力中變得更加成熟。我們靈性任務的一部份就是去發現，我們的個體性與愛的靈性力量之間有何聯繫。透過一個人的思考、情感、意志，我們可以覺察到自己發展了多少愛的力量。支持我們身邊的人走上這條探索之路，也是我們的責任。

有些人可能很難承認，雖然其他人有著和自己很不一樣的經歷與感受，但他們的經歷與感受仍然是真誠、實在的。不過，在最基本的層次上，我們至少要把這些經驗與感受當作其他人邁向自我實現的一個過程。

在萬有之中

在美麗的事物裡敬愛上帝
是容易的

然而
深刻的智慧指示我
在萬有之中擁抱神

亞西西的聖方濟[10]

若我們要成為宇宙進化裡的一部份，就必須持續努力朝著支持自由或培育愛的方向，無論是對他人或是對自己皆然。發展自由是當今這個時代最重要的任務。沒有自由，真正的靈性之愛就不可能經由人類進入生命世界。我們也許不同意其他人過生活的方式，但是出於純粹的愛以及尊重他人獨立的自由意志，我們必須同意，其他人應該有自由去找尋他們自己的生活方式。不僅如此，我們都明白，其他人與進化的靈性脈動連結的程度，可能比我們所以為的還要深。

無人知曉他的名

無人知曉他的名
以街道為家
衣衫襤褸
遊盪著的
那人
我曾在夢中見過他
他與上帝正建造著
非凡宏偉的
聖堂

亞西西的聖方濟 11

除非社群裡的大多數人能夠把他們之間的關係轉向愛與自由，否則整個地球的愛與自由的力量不會有重大的變化。支持社群裡每個人去發展個人自由以及愛——支持個人的解放——也就是在支持整個社群的解放。

1 譯注：本書將"I"譯為「吾」，self 或 ego 譯為「自我」，personality 譯為「人格」或「個性」，individuality 譯為「個體性」。

2 原注：魯道夫．施泰納〈女性與社會〉演講於 1906.11.17。

3 原注：引用自魯道夫．施泰納《直覺思考作為一條靈性之道：自由的哲學》第十四章〈人類與種屬〉。

4 原注：引用自魯道夫．施泰納 CW305《教育的靈性基礎》1922.8.23 演講。

5 譯注：sexualization（性化）這個術語是近幾十年才出現在在英文裡的。根據美國心理學會的定義，當個體被視為性對象並根據其身體特徵和性別進行評價時，便是性化，包含物化、性慾化等。女性被性化的頻率較高，年輕孩童的性化在廣告中則越來越普遍。長期觀看性化的媒體素材可能會導致觀看者對身體不滿、食慾不振、缺乏自信、憂鬱和沮喪等。

6 譯注：「政治正確」現在的意思是指在言辭、行為、政策中避免對社會中某些群體造成冒犯，此語在論述中使用時多帶有貶意，暗指對弱勢群體過度保護，並不是「事實上的正確」。支持政治正確的人認為，這樣的用語有助於喚醒大眾無意識的偏見，使人們用更中性、不帶歧視的詞語稱呼與主流不同的人群，避免傷害他們。反對者認為，政治正確只是在逃避問題，不能真正、有效地解決問題，而且規範某些用語反而會打壓言論自由。

7 譯注：「社會教育」意指整體社會氛圍對人心所起的教化作用，環繞在青少年身邊的每一位成人以及構築青少年生活世界的所有事物都是社會教育的提供者，詳細請參見施泰納演講集《華德福學校的精神》（三元生活實踐社出版）。

8 原注：選自《上帝來的情詩：東西方的十二個神聖聲音》（Love Poems from God: Twelve Sacred Voices from the East and West）由 Daniel Ladinsky 編輯。

9 原注：EduCareDo 人智學遠距課程平台裡，關於男性和女性的單元中有提到更多關於宇宙愛的內容。

10 原注：同注 8。

11 原注：同注 8。

第三章

陰柔與陽剛共創的變化

認識心魂世界

以性別為基礎的性教育——也就是以生物現象為主，著重性生理機制及性相關的傳染病等——沒有談到性別歧視和性別制約等人們較少意識到的態度，這樣會在社會裡傳播另一種「疾病」，它對青少年的福祉和健康有著深遠的影響。它不僅影響性方面的健康，也危及心魂生活的健康，而這些效果經常延伸進入成年後的人生。

健康的教育為年輕人奠下長大成人的基礎，他們會與充滿生機而深刻的心魂世界及內在實相保持連結。若我們自己缺乏這樣的基礎，就需要重新教育自己的心魂。

培養靈敏的感官

有三個主要的方法可以支持每個人去學習和認識充滿生機的心魂世界，這些方法不僅對年輕人有效，可以幫助他們發展出和諧、成熟的意識，對於想要重新自我教育的成年人來說也很有用。第一個方法是對感官世界而來的印象變得更加敏銳。注意感官印象對我們內在生活帶來的各種影響，這可以使我們的心魂變得更加靈敏，把這樣靈敏的心變成覺察的器官，去探知隱身在物質世界和日常知覺背後的實相。

最好是在給孩童的教育中發展和奠定這種能力的基礎，這樣的教育透過豐富的學習經驗雕塑著一個人的心魂空間，這些經驗包括有意義的學習活動、真實的內在理解和藝術性的覺察。要雕塑孩童的心魂空間，我們必須維護他們在自然世界中的豐富感受性，並保護這樣的感受能力不受到過度使用螢幕或是填鴨式教育的影響而鈍化，後者填塞給孩童大量的事實和資訊，他們需要消化和反芻。對不同年齡的孩子，我們要以不同的方式去培育他們的內在世界，對年幼的孩子可能是說童話故事給他們聽，對稍微年長的孩子可能是支持他們發展個別化的興趣。無論面對哪個年齡層的孩童，我們都要把世界帶進孩子的**內心生活**，而不是像寫電腦程式一樣，輸入他們大腦的思考裡。

發展強健的內在力量

第二個雕塑心魂空間的方法是運用我們心魂活動的內在世界，去探索我們所滋養的內在意圖或想望的本質為何，年輕學生或是想要重新自我教育的成年人都可以做這個練習。在成年人身上，這也就是要發展出一種強健的內在力量，不是去追隨感知器官帶給我們的印象，而是去發展獨立的「心魂風貌」（soul-scape），透過凝聚自己的心魂力量，我們可以按照自己的意願，在內心世界裡啟動這一幅心魂風貌。於是我們便能從自己的內在活動中，創造出不依賴感官的心象和經驗。

在成長中的孩子身上培養這種內在活動的基礎，就是要讓他們專注地練習許多具有內在法則的活動，例如學習一項樂器、鍛練科學思考或解數學題目。這些活動都要求孩子深化他們的內在理解力，去發現自己如何運用專注的力量發展出新的內在能力。

建立與更高層世界的關係

第三個也是難度最高的方法，成人要雕塑或重新教育自己的心魂，必須發展與自己內在生命之間的深刻關係，也就是鍛練出進入「內在空間」的能力，那是介於我們的內在世界和我們所探詢的主題之間的空間，在那兒，我們進行深度的沉思或冥想。這也就是要在內心喚醒新的想法和靈感。朝著這個方向所付出的努力會讓我們有能力接收來自更高層世界的直接啟示，讓那些啟示銘印在我們心裡，透露出更高層世界的奧秘。

這些能力的種子埋在童年時期，幫助孩子培養對周遭世界的崇敬和讚嘆之心，使得他們在日後的人生能夠開展出那樣的能力。不要過度分析孩子的經驗或是過早給予關於這個世界的資訊，那樣太理智化了，要讓玩耍和驚奇成為孩子的主要教導者，這很重要。給予孩子作夢和想像的空間，也讓他們可以悠然自得地「活在當下」，都是有幫助的。對於年紀較大的孩子，要讓他們深度探索這個世界和世界上存在的令人驚奇的現象，也就是說去認識人類的演化歷程，透過具有啟發性的人物傳記及轉變中的世界歷史去觀看個人與社會的變化和進步，這樣也可以支持他們的健康發展。

克服內在阻礙

對成人來說，若過去在昏沉麻木的世界裡，使自己在這方面的發展受到阻礙，我們可以重新教育自己的心魂再次獲得這個能力。如果孩童時期沒有錯過那麼多，那麼成年後的心魂持續發展會比較容易一些。即便如此，多數成人都有些內在的困阻，我們內在都有一些需要發展和轉化的地方。為了克服這些阻礙，我們需要心魂的再教育。我們可以在內修工夫中去處理這些問題。然而，新的心魂學習直接來自靈性世界的流注，我們要克服那些內在的障礙，才不會讓靈性世界與我們的連結受阻。

今日人類面臨的最大考驗是要挑戰我們完全出於自由而朝向靈性之道，若人們沒有封閉自己，這些試煉自然會找到我們。靈性不再是以各種潛意識或無意識的過程顯露出來。時代已經發展到，人類必須以自由的內在行動去接收靈性之光。[1]

為了讓自己能夠暢通地接收來自更高層領域的印象，不被我們個人主觀的色彩所阻撓，我們必須能夠犧牲個人心魂生活的內容，並使自己完全沉浸在鮮活靈動的心魂世界裡，那是宇宙的思維、感受和意志之力所形成的世界。

只有完全物質性的存有才會認為在犧牲中會失去自己；事實並非如此，充實豐富又能提升性靈的發展是與犧牲有關的，那是為了宇宙進化而服務。[2]

每一個人都為集體意識加添一些內容，這引導著整體人類向前發展。支持個人的成長發展也就是效力於整體的演化。一個人要能夠在生命中充份成長和學習，還能夠大量分享內在能力和才華給這個世界，這需要協調個人生命存有中的各個不同面向，達到健康的內在平衡。我們都希望活出振奮、充滿活力、內在豐美的人生，而其外在的表現就是個人化、有創意的生活。

我們內在隱約知道，人類並不是生來要過灰暗慘淡、了無生氣的生活，那是純粹活在物質裡才會有的狀況。我們不要變成物質主義的奴隸；實際上，人類注定要在存有的各個層次都活出豐盛富足。瞥見一直與我們連繫著的靈性世界，最能讓人領會這樣的豐盛是有可能的。

因為物質主義的思維主導著這個世界，雖然我們是由一體共感的生命連結之中投身入世的，但當我們沉浸於物理現實中，自身與恆存靈性之間的聯繫便被削弱、鈍化了。所有入身的存有都曾在某一刻決定，想要成為自在永恆的靈性存有和感官知覺的受造世界之間的聯繫橋樑。每一個生命都想要再次活出靈性豐盛的生命，並透過靈性生命的力量推進受造世界的演化。但無可避免的是，今日世界如此令人麻痺僵固，我們忘了自己是誰、為何來這個世界，我們以為生命或生活主要就是與我們自己相關。

正是從人類歷史上物質主義的浪潮開始高漲、淹蓋過一切之時，來自靈性世界的最強力量也開始想要進入人類的生命，祂們正在想方設法。[3]

在我們個人經驗中所以為的我是誰之下，深藏於底處的我們，仍然與永恆的靈性活動及其巨大的力量相連而不可分。但是對許多人來說，靈性真實的體驗很快就在物理現實之前被驅散而中止，更寬廣而崇高的靈性生命潛伏著、安靜著，直到祂休止在個人意識閾的門檻之下。

因為集體氛圍的轉變，也因為我們對待成長中孩子的方式，這樣的情況不在少數。大多數人的成長經歷都只發展了某些面向的能力，或是他們所得到的教養是以不均衡的方式去支持個人能力的開展。情況會如此並不是因為我們想要製造麻煩或困擾，而是因為我們自己還沒充份覺醒，沒有感知到一股新的意識之流正在扣門，想要喚醒每位孩童之中的獨特個體性。人們傾向停留在舊的教育形式裡教養新的世代，這通常都是由於傳統或文化方面的因素；但我們對於未來的需求無知無覺主要是由於我們自身的因素。

於是，孩童內在世界的某些面向就必須妥協於失衡的外在現實。多數人沒有意識到這些外在的阻礙，並把這些阻礙繼續流傳下去，於是也成為我們的思考、情感和信念。所有內化了的不真實都會變成內在的阻礙，當我們長大成人之後還得矯正這些。即便這些錯誤可能已經傳遞到下一代了，正如詩人里爾克所言，「像一個封印的字母，沒人知道它的存在」，但它們仍然是我們自己的內在障礙。除非我們準備好喚醒新的脈動，帶入由靈性世界而來的演化圖像，否則我們還是會把類似的困難障礙複製在下一代身上。在我們的內心世界裡，我們並不是那麼封閉和隔絕於外在世界的，不像我們活在物質表層時所經驗到的那樣。

如何連結靈性世界

它思考——宇宙思維

心魂世界與集體意識結合為一，而且受教於集體意識。心魂世界也能夠與靈性世界合一。內在的心魂世界是一道橋樑，連接我們與靈性世界的宇宙力量。在這兩個方向上，思考、情感、意志都不全然是我們自己的。在我們的思維中，我們不全然局限於自己單獨的想法裡。我們能夠了解並確認自己向著集體意識開放，我們並不是完全封閉在那之外。若我們要開始支持人類整體演化的新思考，就必須聯結宇宙思想，讓靈性意識的思維盈滿整個人。當我們在思想中與這些靈性真實連結時，我們不會說：「我想到這個或那個」，比較接近真實的說法是，「它思考（It thinks）」。我們和宇宙思維一同思考著。

許多人都有過這樣的經驗，當他們深思熟慮時，有別的存在和他們一起思考。他們覺察到自己的想法是超越個人能力範圍的。他們覺察到那想法的質地有著客觀的本質，而這客觀的本質進入了他們的日常思維。每天早晨我們醒來，在我們深刻探求的問題方向上思考著，我們感受到（宇宙）思維在我們的思考之中思考著，那比暗淡的物質世界所促發的純粹反射式思考還要更加豐富、充滿生機，那是最超凡的靈性連結經驗之一。

她感受——宇宙心魂

在人類情感之中連結著的是宇宙心魂。當我們感受外在世界時，我們把周遭的世界納入我們內在，並讓世界向我們訴說，告訴我們它的本質。若我沒有感受和體會的能力，就不可能生長和學習。我們的感受與體會不像物質身那樣孤立、隔絕，而是持續與宇宙心魂交流著的。在這些交流的關係中，外界事物的樣貌不僅揭露給我們的感官，也觸動我們，給予我們一些事物，而我們在感受的層次上去體會這些。

在我們所觀察的、感官可以覺察到的外在世界背後，我們可以去體會自己的知覺活動如何影響我們的內在世界，帶來特定的律動和變化。從這種內在覺察的經驗中，我們得知更多關於外界的事情，比只透過感官覺察所得到的還要多。宇宙心魂在我們之內也在我們之外揭示其自身。感官印象進入我們的大腦，在這些印象背後存活和交織著的事物對我們的心魂有更細緻的作用，它在我們之中喚起對感官印象的同步感受和體會。可以這麼說，在我們觀察的物件背後有一股活動，它與我們存有之中的心魂活動緊密交融。物件背後的這股活動給予我們許多的認識和感受，比感官或大腦能提供的還多。

這種深化的能力——同時關注到自己內在和外在的活動——是所有人都需要開發的，才能讓我們的演化持續向前推進。兩個人同樣看著日出，其中一人可能得到深刻的體會，並受到那日出之美的震撼，而另一人則無動於衷。兩個人同在一艘船上橫越大海，夜復一夜在雄偉蒼穹的星空之下，其中一人可能受到這個經驗的感動而完全改變，而另一人在經過這次旅行之後可能只有一點點或沒有什麼內在的變化。

我們讓世界進入內在並讓世界影響我們的能力，有賴於心魂的這個面向是受到支持和培育，還是受到壓抑與否定。這個能力的養成很大部份仰賴於我們是否得到支持去深入體會、感受周遭的世界，並且可以把這份感動表達出來，還是我們太過專注於感知中的單純物質面向，或被告知任何不來自物質的感知都是錯誤的，於是變得遲鈍麻木。又或者，我們可能曾被別人說不應該有這樣的感覺，不應該那麼敏感，於是我們轉移或封閉了這些內在經驗。宇宙心魂在感受著，正是我們內在的這些感覺使我們深深受到這個世界的影響。在奧秘學裡稱為「她感受（She feels）」，在其中，這樣的能力成熟了：宇宙滲透、擴散進來，使我們延伸、碰觸到個人心魂所能知曉的界線之外，我們也受到那滲透、擴散的影響，於是，我們在和宇宙心魂的智慧相遇之中學習並成長。

他願意——宇宙意志

在人類意志中的事物則與宇宙靈性緊密相連。意志能夠開啟創造性的活動，可以把存在於我之內的事物帶到外在世界，顯現出來。宇宙靈性——創造者——也在進行著大宇宙的意志活動。若我們要能改變這世界——每一個人都可以做出個別的改變——那麼我們就必須努力把所思所感帶進外在世界。我們必須召喚創造性意志進駐我們之中，這樣才能實現我們相信必須在這個世界上出現的事物。

我們再一次看到自己並不孤單，我們用自己的意志力量為周遭的世界帶來善，而那也是與靈性世界的創造意志連結著的力量所要完成之事。一個人能夠把善帶給這世界是由於每個人都連結著創造性的靈性存有，也就是「宇宙意志」，它以善為其本質。

靈性世界在我們之中、也透過我們被思索也被揭露，而後我們可以自由地根據意願把靈性世界帶入外在世界。我們總是把自己的思考、情感、意志之中活躍著的內容形諸於外，而改變這個世界，但是當我們與靈性世界連結時，便是透過靈性所賜予的力量去變化外在世界。在奧秘學裡，這被表達為「他願意（He wills）」。

我們都有真確和錯誤的想法，都有美好和醜惡的感受，都有道德和不道德的意志衝動。為了經驗這些思考、情感、意志，我們必須連結更深層的心魂能力、知覺和感受。為了轉化我們之中的存有，使我們內在的思考、情感與作為協調於靈性世界的真、美和善，當我們個人的獨立性和自由得到發展時，我們必須更有意識地踏上內在修持的道路。

沒有任何事物能夠讓人類再度真正地健康起來，除了意志——願意以靈性的方式過生活，願意讓靈性決定，讓靈性動機注入我們在物質世界的作為中。[4]

活出宇宙法則

我們可以很快地辨識出世界裡的真實、和諧與道德。然而，我們仍然是個別地做出選擇——關於如何運用自己的生命，以及如何運用我們所擁有的力量。我們可以選擇運用這些朝向靈性世界，建立與靈性世界更有意識的關係。

我們每一個人之中都已經有某些真實及靈性生命的原則，也就是我們的生命理想。這些我們帶入這個世界的理想或可稱之為「靈性原則」或「宇宙法則」，它們是我們自身恆存的一部份。

之所以是「宇宙」，因為掌管這些法則的不只是人類，也包含其他形式的靈性意識。多數的靈性學派都會以某種方式提到這些法則，或者以世俗的語彙來講，就是「為善」或是「道德」。

即使我們沒有注意到這些法則在我們心中留下的軌跡，但基本上我們都碰觸到各種不同的宇宙法則。它們在我們周遭的物質世界裡呈現出來，因而向我們返照出其所彰顯的靈性生命世界。這些法則在世界上不同的宗教和靈性傳統中以不同的名稱出現，但多數人認識這些法則是把它們當作健康的人類特質。

雖然不容易用三言兩語去描述這些法則，但其中一個最普遍的法則是這麼說的：「支持另一個存有的發展是一件良善的事。」

支持著人類的靈性意識擁抱這樣的進化理念，打從心底認識這個法則的人們也會活出它的精神。我們在許多的信仰裡都看到這個法則：佛教、基督教、伊斯蘭、許多的密修傳統及新時代運動。

人性之中最難調和的一件事就是我們有可能違背自己心中深藏著的宇宙法則，因為我們也可能追隨人類本質中的其他元素，例如貪婪。

專注於靈性修練的人在面對自己的理想沒有被落實時，可能會很受挫。我們不需要一間教堂或一條教義來告訴我們自己心中的理念是什麼，我們自己已經認識了那理念之中的道德真實。我們去的教會、我們的信仰或我們投入的靈性鍛練，只不過是確認了那活在我們心神之中的事物。

那些理念已經深深灌注在我們之中，因為它們與我們的靈合而為一。透過這些理念，我們得以辨識出自身之中的靈性。

這些宇宙法則成為我們個人的指南針，引導我們過著真實、和諧、道德健全的生活。除了各種各樣的宇宙法則之外，多數的靈性流派也都認同，到了某個時候，我們最終會回歸某種形式的靈性存有。直到那一刻到來之前，我們可以有意識地透過某些靈性操練的方式拉進我們與神聖靈性世界之間的關係，例如敬拜、祈禱等。這也意味著，即使在塵世間生活，我們仍可運用個人的「吾」之力量，去發展與靈性世界的更深刻關係，藉此而得以直接地通曉靈性世界的生命法則，並且更加完整地活入那樣的境界之中。

當我們內在成長到更深入的靈性實相時，就能更全面地認識宇宙法則；

當我們投入在靈性生活中，就能於外在塵世存有的階段裡也活出宇宙法則的樣式。

人類因為有著個體化的意志，因此每個人都以其個人獨特的方式活出那些法則。這些法則在我們之中、也透過我們得以獨一無二地呈現在世界裡。所有進化的靈性意識都會活出所有的靈性法則，但人類只能緩慢地、經過一段長時間之後才學會，在自由和獨立之中、從自身之中實現這些法則。若我們仍不自由，就會受制於宗教法典，去遵循那些強加於我們的戒規；然而，當時候到來，當我們更加覺醒於自己的個體性，就不會再盲目跟隨旁人所稱為善的事，而是會以自己熱情活躍的意志去選擇為善。

當我們再向前一步，進化到個人意識心魂的時代，就會開始了解我們就是整體人性。即使有很堅定的信念或宗教生活，我們也不會再受制於服從任何權威，那是我們於下意識或無意識之中所接納的靈性。我們現在是出於自由而活出那些法則，獨立於任何外在或內在的權威。

對於某些法則，目前的人類意識並沒有完全了解，另有一些法則，我們甚至還沒碰觸到或尚未「選擇」它們。其中一個這樣的宇宙法則可以陳述如下：「你擁有的越多，給出的就越多。」所有支持著人類進化的靈性存有都信靠這個法則，但大多數為企業工作的個人尚未選擇把這個理念納為道德法則，並整合進入個人的使命宣言裡。在財富分配的機制裡，我們目睹這個原則的運作幾近死滅，過去的人們在潛意識或直覺裡認同這個法則為理所當然。當人們個別的、獨立的自我意識發展起來時，也有可能變得只在意自己。只有當人們**出於自由**地去認同這項靈性真實，才能夠在塵世生活中遵循這項法則。

伴隨著這些宇宙法則在我們內心中滋長，全體人類也共同處於特定的發展階段裡，並要一起進入新的階段。地球即天堂，並不是一蹴可及的。在人類自由擴充的同時，人們也可以選擇不把天堂帶入世間。然而，在我們的演化歷程中，透過我們持續成長所開展出來的深刻能力，我們可以學習把靈性現實接引至塵世的存在裡。

認識生命的實相

個體性

因為我們是出於自由和個體性而作為，我們總是會以個人化和獨特的方式行動。個人獨特性總是會在我們帶給這個世界的各樣事物上留下印記。如果我們不是個體化的存在，那些作為就不是我們所做的。我們可以看到個體性如何在物質身上留下印記，深入直到我們的指紋都可以看到個人獨特的表達，我們的個人特性「刻劃」在我們的身體上。在以太身[5]上，個體性展現於我們所保有的生命記憶。兩個處於相同情境或事件中的人可能會記得很不同的事，他們是以自己的方式保存記憶。我們對生命和事件的記憶是以太身之中個人特質的展現。在內在心魂生命裡，個體性的印記出現在對良知的感受。我們都知道良知是什麼，但我們都以個人化的方式在經驗它，而且關於良知如何在生命中作用，每個人有著不同的質地和能量。良知如何在可能要成形或是已經出現的錯誤行為中警惕我們，這就是個體性在我們心魂生活中的印記。

在每個人獨立又個別的意識當中，個人獨特性的表現在於我們如何運用內在本具的轉化能力。我們每個人可資運用的能力是等同的，但獨特的是我們選擇如何去發展、掌握、表達這些能力，也就是我們個別運用這些能力的方式。

忘卻個人自我

我們外在的性格把我們放置在自身之中的私我中心處，發揮著守衛一般的作用：為我們抵禦任何相異於我們自己的事物滲入，或者超級敏感地覺察他人的意見。多數青少年在自己和同儕身上都有過這樣的經驗。個性在人我之間創造了分隔，出現了自我本位和利己主義。透過此種分隔而出現的自我中心，有些是有用的，因為這樣我們才能以某種方式知曉自己的個體獨特性，也就是內在感覺並知道「**我是一個獨立個體，與他人是有區別的存在**」。但在現今的時代，若我們真正想以自由的力量，把靈性生命的鮮活實相帶回到這個世界的話，作為成人的我們就必須改變生命的取向，由關注自己變成忘卻自己。

在我們忘卻個人自我（personal self）時，生命的靈性實相才會甦醒過來。當我們放下個人自我，但仍然意識到來自「吾」的力量時，就能讓個性隱匿到幕後，而讓靈性世界注入我們之中。這樣靈性躍動的一刻有可能在深度冥想時體驗到，或者當我們靜息在最微小、謙卑的空間裡，感受著意識的廣闊浩大時；這也有可能發生在當我們感受到周遭的一些存在都急於碰觸我們，在我們身上留下它們的印記時。甚至，當我們品味著世界，讓自己安靜到聽得見「寂然的訴說」時，也有可能體驗到那神聖的一刻。為了要在世界裡見證靈性，忘我是必要的；為了進入更高層的靈性世界，那是必要的；為了在進入靈境時，讓啟示直接訴諸人類的心魂，我們必須忘卻自己。無論處於哪個世界裡，忘我才能讓世界進入我們，讓世界在我們身上留下印記、對我們訴說、在我們之中迴響。

我們必須預備好自己，每一個時刻、每一樣物品、每一個存在都可以為我們帶來新的啟示。[6]

以太和元素構成我們週遭、外在受造世界裡的物質和形體，它們是在靈性之中誕生的。當我們放下自己，並活入自身永恆存有的深刻核心中，那時，萬物之中的靈性層面就在永恆的靈性之境與我們相遇。

若我們批評他人，那是出於過往經驗，而不是來自我們之中的永恆部份。不要用過去的經驗評判當下，這是很重要的，而是要讓過去輔助我們，去看到眼前這一刻新生甦醒的事物。只有在忘卻之中，我才開始看見新生。我開始看見現在正在成形中的事物，我開始看見造物者不停歇的創造工作。

於是，我們進入偉大的奧秘，經由遺忘而能夠辨識創造——由於新生事物出現而發生的持續創造。在看見新生之中，我們記起了創造的靈性。在這樣的憶起之中，我們保持著與靈性世界的持續連結。透過連結充滿生機的靈性世界裡的智慧與和諧，我們從中產生行動——由靈性而來的作為便是我們帶入這世界的創造力量。

人類也在創造。我們所能運用的創造力量，反映出此刻我們能從靈性世界汲取到的。我們的感知和經驗所能觸及的，代表我們與活著的靈性世界裡的智慧及和諧連結的程度。

這意味著對每一個人來說，無論由靈性世界直接而來的啟示為何，那就是我們能帶給塵世的，它本身就代表著我們自身存有與創造者的結合。人類的創造就是透過自身直接的靈性體驗，為世界帶來一些什麼。這樣的創造透過我所傳遞的思想、我的話語和在世界裡的行動而表達出來。

善用言說的力量

人與人能夠溝通是一件了不起的事，我們所傳達的是靈性生命裡活生生存在的實相。在這些交流中，即便沒有化為言語，我們仍在世界裡種下靈性的、療癒的種子。

我們不只透過言說在溝通，但是當我們用語言交流時，必須思考話語的背後有著什麼。話語當然是被形塑出來的聲音，但是話語背後鳴響著的事物會使字詞的意義完全不同。

即便我在說的是靈性真實，若是以閒談隨興的方式為之，那麼字語中也不會有靈性生命。像「我們是靈性存有」這樣的真理，除非說話者對此有真實的心領神會，否則這些話仍是空洞的。

某位名人公開演說談到人類必須「洗心革面、從頭學起」，這與另外一位真正了解人類虛假膚淺的思考方式，並談到這所造成的問題已經深入骨髓，直達人類的神經系統，兩個人所說的當然不一樣。[7]

一位有真實心魂體會的人說「人類必須洗心革面、從頭學起」，這些話語裡所包含的與另一位閒談碎嘴、言不及義的人所說的當然完全不同。我們話語裡所含藏的力量與實質，會變成我們對靈性世界的創造貢獻。我們的言說若是來自自身真實體會的成果，或是直接揭諸啟示於我的內容，那會帶來巨大的差異。

從這個源頭出發而宣說的靈性啟示，就不再是人類在說話了。每個人在沒有那些啟示的狀況下都可以說出同樣的字詞，但是當我們由內在的連結出發，表達為詞語的時候，我們就說出了比自己還崇高偉大的事物。這樣的話語包含了創造成形、真實生命之道的元素。

當我們在說話時，必須讓自己的心魂充滿真正能啟發我們的事物。我們必須學習我口說我心，讓心經由唇齒流露，學習把我們的整個存有灌注在字詞裡。[8]

我們要讓世界向我們訴說，在我們的心魂中，如此我們才能受到世界的感召而變化，與向我們揭露的事物建立起關係，透過這一層關係，我們也要對著世界訴說，而我們所說的會改變這個世界。所有的演化都在關係中發生。我們內在心魂中存有的事物，即使靜默無聲或暫時無法宣說，也對世界有重大的影響。觀察世界中這些靜默無聲的存在，但若可以讓它們對我們訴說，它們就會變得更鮮活起來。而若我們以靈敏之心向它傾訴，便也為其賦予了生命。

現今每一個外在的革命，無論對哪一個政黨或階級來說多麼地合理，都只會帶我們走進盲目的暗巷，並為人類帶來嚴重的災難，除非那些翻轉是由心魂的內在變革所照亮的。這包含了拋棄純粹物質主義的觀念，並且努力預備自身去接收新的啟示，那是靈性的脈流，它們一直希望注入、加進人類的演化。[9]

我們真正「說」的是真實迴響於內在的那些，不是溜出嘴邊的、政治正確的字語。

有些學校禁止教職員稱呼孩子為「男孩、女孩」，他們認為要稱呼為「學生」，才能避免性別偏見。變換詞語或許有用，我們或許的確需要一場語言革命。但是，若老師內在仍然有偏見，無論是稱呼孩子為「男孩、女孩」或是「學生」，對於成長中的人要開展其內在自由仍然是有同樣的阻礙。只有當老師內在知道，這些外表、身體性的指涉不能完全代表眼前這個活生生的、完整的個人，這樣才有可能使孩子自由開展。基於某些理由，身體外型或許可以代表一個人個體性的某些部份，但他／她真正是誰、來到這個世界要做什麼——他／她要如何表達自己——可能與其身體狀況完全不同。一個人的生命任務與社群的集體意識認為「這樣的人」應該如何行為、思考或感受，可能是不一樣的。

我們只要改變閒談的方式——也就是我們使用語言與他人互動的方式——就能轉化這些所謂的社會法則。現在的人們滿足於言不及義的閒聊，視之為社交中正當的談話方式，那麼話語中的啟示由何而來？那些真正讓其他人做回自己、獲得自由的內在改變要如何發生？

無論鸚鵡學舌說了多少事，難道鳥群就會信以為真？
人們暢論靈性亦然，清談放言僅是虛幻，於實無益。
約束你的言語；使它如一座磨坊，能夠攪碎穀粒。
話語中蘊含的純粹力量，來自深處，鏤石鑠金。
徹底管控言談，不再以詞害義，而要讓話語揚升，至少能撫慰人心。
水到渠成、一切具足時，你我的關係會成為——
我為你培力，使你烘出獨特的麥子，去滋養高尚心靈的各種追求。

波斯抒情詩人哈菲茲（Hafiz）

許多來自靈性世界的觸動，意欲帶領人類向前演進的事物，都在我們之中變成物質主義的，這真是不幸。人們喋喋不休、叨絮不止，卻不提出真正深刻的問題，例如：現今入世的人們並不帶著強烈的單面向男性或女性特質，這有什麼意義？越來越多的人帶著新的傾向進入人世，並不固鎖在男、女的二元對立中，這又傳達出什麼訊息？若我們提出這些問題，透過聆聽內在的靈性啟示而理解這些問題，就會知道我們的任務是要把眼光超越外在存有，去尋求個體性的存在，也就是構成我們真實自我的那部份。

我們就會知道，靈性正嘗試喚醒我們，要我們由衷地理解：人類必須停止外部化、表淺的生活，靈性正嘗試讓我們看見，每個人之中都活著一位靈性存有。然而，人們常做的只是改變閒聊的方向，以為這樣就是進步了。我們話語之中真正包含的不只是外在的正確或錯誤，而是內在深刻的生命與信念。這也是為何敏於覺察的人會知道人心深處仍有種族主義和性別主義，即使口頭上已不再出現那些話語，即使人們已發展出「新的」閒談或話語。言詞並不會改變集體意識，也不會轉化集體社會裡的失衡之處。只有靈性真實的啟悟所揭示的平等，才有療癒的力量。人們說了什麼並不重要。重要的是說話者的內在真實存有。

如此一來，這些話語中才會包含療癒的種子。現今人類的任務是去播種，讓靈性之愛、道之實相能夠在我們週遭的世界中甦醒過來。[10]

冥想練習

我們內在的障礙阻擋了我們認識這些實相。不過，人類也不是對內在的障礙無能為力。我們可以調整自己的內在。就像第一章提到的「六個輔助練習」，可以處理外在的阻礙，斷絕集體意識對我們內在世界的負面影響，而冥想和沉思練習也是下工夫在處理內在阻礙，使它們不再阻隔我們清晰體驗靈性世界及其引導。

許多冥想練習的用意在於讓我們與靈性實相達成一致及和諧，那是我們在物質生命中失去了聯繫的，那些練習也在幫助我們與充滿生機的靈性世界建立關係，並親證在與靈性世界的聯繫中我們會接收到的啟示。為了這個目標，心魂生命需要再教育，在這個方向上的操練使我們得以契入靈性生命，並意識到我們與靈性世界的關係。當我們活入這個實相之中，生命自然發生改變。我們會知道自己獲得多麼豐盛的賜予。我們開始看見即使在物質主義如此強大的障蔽下，人類整體仍在演化中。我們開始認識下一代人帶著新的意識進入世界，他們期盼著人類持續向前進化。我們開始覺察人類受到許多的幫助，而使我們在深刻的心魂活動中可以直接觸及那些引導的力量。

魯道夫・施泰納的詩

在我的思想中，宇宙思維活躍，
在我的情感裡，宇宙力量交織，
在我的意志中，宇宙存有運作，

我在宇宙思維中，
覺察吾自身，
我在宇宙力量裡，
感受吾自己，
我在宇宙存有中，

創造吾自體。[11]

轉化之路不僅是個人的轉化，更是世界的形變——朝向宇宙重生之路。我們可以做這些指定的練習，努力在自身之中以新的方式去認識這些特質和活動。

這兩種內在鍛練的形式都是必要的，才能在性別定形和內在力量失衡的領域裡帶來必要而有活力的變革：六個輔助練習幫助我們克服集體意識持續不斷壓在我們身上的外在障礙，而冥想練習則協助我們克服內在的阻礙，喚醒蟄服於我們之中的力量。然而，只有我們清楚認識到自己獨立的個體性，才能安全地冥想；對多數人來說，大約在二十歲初期可以達到那個狀態，但六個輔助練習從十六歲就可以開始了，只要一個人可以感受到自己的思考、情感、意志裡有自我主宰的客觀意識，而不是只受到主觀的束縛，就可以進行六個輔助練習了。

主要練習

以下要介紹的「主要練習」在許多奧秘學派裡以不同的方式被提出來過。這個練習與希臘奧秘學派裡的「中柱鍛練」（middle-pillar exercise）與埃及的「生命之樹」儀式直接相關。不過，啟動這個練習所使用的話語，隨著人類向前發展進入不同階段、有了不同認知而變換。施泰納在密修中交付給許多學生這個練習，作為他們的內在修練。這個鍛練的價值會持續作用到這個時代結束，到那時，啟動的話語又會再一次不同。去認識這些練習在人類進入自我意識心魂的時代之前，在其他靈修派別裡呈現的方式，這會很有幫助，因為這樣的綜覽讓我們知道人類意識的進展與內在工夫的不同修持方法，如何與時俱進。

施泰納提出我們這個時代的修行方式是：

我是

它思考（宇宙思維）

她感受（宇宙心魂）

他願意（宇宙意志）[12]

在古希臘奧秘學派裡，這個練習是：

Ego Eimi（我是）

Gnosis（靈知）

Sophia（智慧）

Zoe（生命）

在古埃及儀式裡的做法是：

Nudjer ao（偉大之神的自我宣告）

Neb Iri Khet（造物主）

Sia（知識與智慧之神）

Neb Ankh（生命之王）

作為自我意識心魂年代的一員，我們以適合這個時代的有力話語來進行鍛鍊：**我是，它思考，她感受，他願意。**

預備知識

以下提供關於這個練習的預備知識，讓各位體會這個鍛練的中心意旨為何，大家可以在開始操練之前做些個人評估。這些說明也是為了呈現這個練習如何在時間之流中發展，那也是修行者內在會經歷到的變化。

首先，我們來談「第三隻眼」：位於眉心、鼻樑根處，但是要稍微退後，進入前腦的內部。我們在此處感受到「吾」—意識。要體會這個感受，我們向內觀看第三隻眼的位置，並且凝神聚焦數分鐘，清空所有其他的思緒。只要把注意力貫注在身體的這個點上，看看會覺察到什麼。

第一件打擾「吾」—意識之體驗的事情會是什麼呢？通常是我們的思考生命，因為思考生命很靠近「吾」。

接下來，凝神在第二個點：喉嚨的中心，在脖子或喉頭的中心點。當我們這麼做時，會有什麼擾動出現？

會來攪亂這個專注片刻的是什麼呢？位於這個中心的下方，開始有一股想要動起來的渴望，會使我們分心。若我們開始凝神在心的中央——胸部正中間，兩乳之間——又有什麼會把我們帶離全神貫注呢？

最後一個核心位於肚臍附近。這是身體的意志核心。在靈性科學裡，這股意志力量被表述為陽剛的力量，稱作「宇宙意志」。這樣的活動是要透過自身，在外在世界帶來一些改變和影響，這是我們的陽剛特質在行動。在冥想練習裡，這樣的活動被奧秘地認為是「他願意」，這樣的意志動能把我們和宇宙精神連結在一起，與創造者的靈性連結在一起。

在情感生活裡，我們允許自己被他者穿透——把我們與世界之心連繫在一起，奧秘學把這稱為「她感受」，這是在心的領域。

奧秘學把宇宙性的思維稱作「它思考」，發生在喉嚨的中心。

永恆靈性的個體化呈現即「我是」，位於第三隻眼的位置。

在這個練習裡，我們學習把自身的力量集中在各個中心點；然後，內在響起與各個中心點相應的話語，帶出各中心的力量。我們漸漸能夠分辨這些中心的不同特質，只要透過練習，就一定可以均衡地在所有中心處發展我們自己。我們可以學習視情境的不同，把自己引導向任何一個中心，那個中心的特質可以最佳地應對當下的狀況。無論處於什麼發展階段，我們都需要持續體會這些特質，並在自身之中培育這些特質，如此才能持續開展，在內在成長的道路上向前邁進。

實務指引

接下來要談的是實務上的指引，如何做這個冥想練習。在這個冥想練習的「主要部份」開始之前，要先預備正確的心境，然後再進入主要的冥想，才會有收穫、並帶來轉化。一開始，要先預備平靜的心理狀態，不沾染日常生活中的思考、情感、意志。一旦達到這種心魂的平穩、靜定[13]，我們可以運用一段詩詞，帶著全副思考、情感、意志沉浸在這段詩詞裡，持續數分鐘的時間，心神裡沒有別的內容，只有這段文字在其中。前述所引的詩詞是冥想輔助的一個範例，但各位可以運用任何其他的詩文，只要有助於我們更加認識心魂在靈性世界裡的生命，並且把心導引向純粹的靈性內容。

在我的思想中，宇宙思維活躍，
在我的情感裡，宇宙力量交織，
在我的意志中，宇宙存有運作，

我在宇宙思維中，
覺察吾自身，
我在宇宙力量裡，
感受吾自己，
我在宇宙存有中，
創造吾自體。

順著這個預備的詩詞，我們便可以進入主要的練習。針對主要練習，最佳的身體姿勢是舒服地坐在椅子上，左右手平放在大腿，掌心都向上，右手在左手上。

吸氣時可以數一二三或是數到四，看個人覺得舒適的程度。吸氣的長度因人而異，當我們適應了這個練習之後，覺得舒服的吸氣時間長度會再拉長。吐氣時間是吸氣的兩倍長。若吸氣時數到二，吐氣時就要數到四。在這段期間裡，我們並不專注在身體上的各個中心或是焦點，只在專注於吸氣和呼氣。調整好呼吸之後，在吐完氣之後閉氣，大約是吸氣的三倍長的時間；在閉氣之中，意念專注於雙眼之間，內在說出（或響起、迴響）「我是」。把這些字語導引至聚焦處，這樣可以喚醒身體上的某個中心，使其有秩序。在這個中心裡，自我的轉化力量使人經驗到更高層的「吾」所散發出來的統整力量。

我們並不是要把思考連結到呼吸，那是古代唸頌咒語時的做法，我們要的是把呼吸和思考分開。吸氣、呼氣，然後在閉氣時，我們的注意力集中在某個核心上，而內在響起相應的字語。

我們越理解這些「響起」的字語有何意義，這個練習的力量就越大。若我只是用一般的思考，在頭腦裡說「我是」，那和閒談聊天沒什麼不同，但如果我內在連結著詞語的實相，而讓「我是」迴響起來時，那麼就可以統整這個核心。所謂內在的迴響在有些學派裡也稱之為「振動」，意思是動用我們所有的心魂力量，貫注在這個練習上。思考、情感、意志要全部投注在同一個方向上，心中沒有其他的雜念。

下一個核心是「它思考」。當其他人在訴說他們的想法時，作為聽者，我們自己在喉部會有輕微的振動——我們的生命身在喉部周圍運動著。

當我們透過練習，把這個核心統整得更好時，這個經驗就會更明顯；當我們有這樣的經驗時，就可以辨識出其他人的話語對週遭世界的作用是什麼。

所以，如同前一個練習，吐氣時間是吸氣時間的兩倍長，視個人覺得舒適的方式安排吐納的長短，吐氣後的閉氣時，意念聚焦在喉部中心，同時內在迴響起「它思考」。在冥想時，我們不是想著關於宇宙性思維的事，我們不應該思考關於任何事情，而是我們內心對這些冥想字語的理解會在迴響之中共鳴。

要喚醒喉部中心，我們將自身的所有傾注在「它思考」。

下一個核心是心臟。冥想的字語是「她感受」。我們凝神在心的部位，但也讓自己的意念由心流向手臂，再到手掌，把意念引導直到手部，但同時也仍然凝神在心的區域。有些人可能會覺得當意念之流到達手部時，雙手會需要分開一點。手部或手臂的動作不是由冥想者帶領的，而是由意念之流引起的。

下一個核心是肚臍的中心。我們聚精會神在這一點上，但也專注在我們的整個「邊界」或是包覆身體的皮膚，而內在響起「他願意」。

一開始，每個核心各做三次練習，直到我們可以正確進行冥想的步驟，之後就只需要每個核心做一次。

練習結束時，我們放下這個練習在身體上帶來的所有感受，在空的意識（empty consciousness）中休息一會兒[14]。

若冥想者尚不熟悉如何達到空的意識，那麼沉思個人的靈性－神性理念也是可以的，這樣可以讓心魂保持在靈性的方向上，直到冥想結束。

和所有奧秘學派的練習一樣，我們需要數個月或甚至多年的工夫去修習，才能真正開始掌握這些練習的力量和轉化可能。

大多數時候，學習者會體驗到「我是」帶來一種特定的感受質地，而「它思考」又有不同的特質。去學習這些不同的特質是很有幫助的。當我們把「她感受」的意念由心的區域流注入手臂和手部時，會帶來一股像是天堂般喜樂、受到祝福的感覺。比起某些靈性際遇中的狂喜經驗，這只不過是較為模糊、黯淡的版本。當得到這種體會時，一個人會受到誘惑而很想駐足停留於「她感受」的練習中。然而，我們必須向前進展到「他願意」的階段，這是一股讓我們對世界付出的創造性能量。

這個練習的奧秘之處需要許多年的修習才會開展出來。在這過程中，我們會開始理解這些字語和經驗為何是邁向全人發展所必要的。我們也會開始理解，這些字語和體會與一個人特定的身體器皿[15]無關，這些練習是提供給所有人都可以做的。

「她感受」所帶來的覺察與我們忘卻自己時所發生的經驗有關的，當我們讓他者銘印於我們內在、在我們之中留下印象時，我們便忘卻了個人的自我。「她」是我們存有中的一個部份，能聆聽、能感受，也能被靈性意識的啟迪所滲透。作為個體，若沒有「她感受」的經驗，我們就沒有辦法直接領會更高層的世界，也無法從那裡得到直接的知識和智慧。

「他願意」則是我們之中可以「付出」的那一面，並與創造性的活動連結在一起。那是我們對靈性世界創造特質的生動回憶。

我們必須讓自己與更高層的真理連結在一起，成為一體。我們不能只是知道那些真理，而是真的在有生命力的活動中去掌握、運用它們……這些真理必須在我們之內成為鮮活的表達，這些真理必須流經我們，就像生命的功能流經我們的有機體一樣。[16]

所以，我們可以進一步區分「我能夠接受、吸納某些事物」與「我可以帶出、注入某些事物給世界」這兩者之間的關係是什麼。要為世界帶來智慧，我們要先讓智慧進入我們並流經我們，然後才帶給世界，這是絕對必要的。「他願意」能夠轉化我們看見的這個世界。因為當前這個時代有著新的靈性任務，若我們對待其他人的方式是，我們只支持其他人去發展「她感受」或只發展「他願意」的能力，這樣會造成偏頗片面，而阻礙了我們賦予世界新生命的目標。

成人的靈性發展

我們所有人都與靈性緊密相連，若缺乏這份連結，我們就只是教育和教養的產物。然而，我們都明白，人類有能力超越在成長和形塑期間，由外而來賦予給我們的那些事物。不過，世界給予我們的塑造仍然有一定的作用，對於我們內在能夠有怎樣的開展，對於我們是否能安適自在地繼續向前成長等，教育和教養都是有影響力的。

實際的情形是，許多孩童沒有獲得自由，他們的心魂能力無法獲得均等、平衡的舒展。當代生活裡有許多不同的方式會限制這些發展。例如，按照孩子身體器皿的情況，就定義他們應該成為怎樣的人，這當然是一種限制。有些人在某個方向上受到阻礙，其他人則在別的方向上被卡住。在當代以理智為主的生活方式之下，有些人的「他意願」和「她感受」雙雙受到抑制。在這樣的情況下，理智主導的世界只滋養了「它思考」的面向，此種生活裡所發生的活動都只餵養了思考生命。

每一個人要各自去覺察自己內在的不平衡，作為成人，我們要自己採取一些行動。冥想練習可以幫助我們與靈性世界建立關係，並且可以調理這些不平衡。

> 光是知道一些事情並不會讓一個人成為靈性科學家。只有當你感覺自己透過這些知識而置身於靈性世界裡，那你才算得上是靈性科學家——也就是，你明確地知道自己是靈性世界的一份子。[17]

生於這個自我意識心的年代，我們要能夠啟發、引導出每個人的合一、整全，不要讓任何單面向、片面化的事物壓迫個人。本書第一章已描述過，這樣的偏差會帶來靈性上怎樣的後果。

面對一群青少年，若我們有口無心地說：「我會稱呼各位為『學生們』（而不是『男孩們』、『女孩們』），這樣各位才不會覺得我沒有注意到大家在性別方面不同經驗的多元性。」把這樣的話當作客套或形式，這是一種做法；另一種做法是真正去了解阻礙其他人個體性開展的因素，在靈性實質上有何意義及其效果，並且也了解這對重新活化地球生命有何影響，兩種做法帶來的效益完全不同。

若我們只培育部分的人性能力，就無法在靈性開展的方向上做出什麼改變。人類的演化不是靜態的發展，而是連續、動態的覺醒過程。我們的潛能是讓「我是」一年一年地越來越醒覺，隨之而來的是更強大的「它思考」力量，以及更深刻和更有能量的「她感受」經驗，並更強烈地感受到「他願意」的創造力量。

若我們想要轉化在這個世界上的生活，去改變我們的言語會是很有用的，不是為了用新奇多彩的字眼做空洞的閒談，而是因為想要更完整地喚起語言之靈，使其活躍起來，並使世界重生，進入未來。

世界是透過人類得到重生的。我們不想根據人們的身體組成、性情或能力（生命之舟）去決定如何對待另一個人的原因在於，這麼做的話，就是以侷限的可能性在看待一個人，並隱含了鼓勵人們只要單向度地發展就好了。當我們把這種態度映照在靈性發展裡時，會帶來深遠的不良影響。以物質的觀點去回應另一個人應該成為怎樣的存在，告訴他們只需要發展某部份特質或能力就好了，因為他／她有這樣或那樣的身體——我們不能再讓這樣的事發生了，我們承受不起這世界持續地死去，無視於靈性真實。

我們自我解放了的每一個部份，都可以再運用來使他人獲得自由。我們不必高聲宣揚宗教上的見解，但要把我們的存在和每一件我們認可為真實的內容帶入與他人的共融交流中，即便再小的事情上，都要如此。

要能聽見，就要打開心門……
要能宣說，就要具備助人的力量

馬柏．柯林斯《道上之光》
（Mabel Collins, Light on the Path）

我們的冥想生活或許很個人，但我們的靈性生命卻是屬於其他人的。我們或許不必去提自己在冥想中發生什麼事，但避而不談我們內心認為的真實，卻是一種退縮；那是拒絕與造物者同工，迴避了創造更美好世界的任務。

若我經歷到靈性生命的真實，卻沒有辦法把這個經驗轉化為可以帶給世界的禮物，那麼，我的內在修為有幫助到改變外在世界嗎？我做的內在工夫是否只是為了自己——我是否受到獨善其身的誘惑，只願獨享靈性洞察的喜悅呢？要克服這種獨享靈性生命果實的誘惑，要從感受自身的人性開始，也就是感受到自己與全體人類連結在一起，從「我是」一直深入到「他願意」，都必須讓這種感受貫穿、流瀉。

我們練習冥想和內在鍛練，是為了親身經歷靈性世界裡的真實。但我們在冥想中被賜予的體會卻是**為了他人**的。透過直接見證靈性真實並獲得來自靈性生命的直接啟發，我們自己的心魂滿溢豐實，而我們對世界的訴說也會充滿靈性力量。這是持續發展和演進的關係。我們緩慢地、漸進地發展出更多能力，那都是由靈性實相中所接收的，而我們可以透過自己的思考、情感和行動——特別是透過話語——把所接收到的傳達給世界。

所以，我們五年前所談過的事情或許是真的，但我們的話語還不夠飽滿、豐富。現在，當我們五年後再來回顧——更久以後也可以再次回望——便能看出我們心中的真實變得更加圓滿、完整。我們或許會想，「我過去所說的像一片草葉，而現在我看見整片草原。當我看著整個原野，要怎麼能夠再去談一片草葉呢？」我們做此刻能做的，我們只能給出自己真確擁有的。這些尚不完全，在未來會變得更加豐富，這個事實便是不可思議的偉大奧秘之核心——我們與祂的關係是活的，我們每個人都是其中的一部份。

在世界裡撒種

奧秘學中所謂的「遺忘劑」和「記憶劑」[18]就像漩渦裡的不同面向，在靈性歲月的不同階段裡，我們內在發展出這些面向。遺忘是必要的，如此我們才能再去經歷；記憶也是必要的，如此我們才能播種、創造。我忘卻自身，於是才能記起神；而我在物質世界的生活裡憶念神，這樣的作為活化了世界中的靈性。

我們在日常生活的際遇裡、在對世界的付出中創造，我們也可以在對話交談中增益這個創造作為。當兩個人朝著忘卻自身、憶念靈性的方向努力——在當下，建立起與靈性的內在連結，並把這個連結播種在世界裡——他們就共享著、滋養著妙不可言的一份禮物。我們都曾經歷過自己所說的話如何深植在世界裡，並且振奮、鼓舞了他人。正是這樣的經驗激勵著我們「在世界裡撒種」。我們天生具有繁衍的生物驅動力，以延續人類這個物種，如果我們也去繁衍那活在心魂中的存有——面對改變和轉化的熱情——就不會受苦於成長的阻力，就不會被沉悶、遲滯、懶散拖垮，阻擋我們把所有的力量發揮在推進人類的靈性進化。

若我們在個人發展上側重於某一個面向，那麼健康的性就會淪為情慾，在其中，個人只求滿足自己，而物化其他人，或者，性就變成對權力的愛，想要以力量凌駕他人[19]。如此一來，在身體裡作為性能量而出現的創造力量便流入偏差的方向，而不是注入一個人對世界的深刻關懷和體驗，因而想要為世界的需求而奉獻，並帶來改變。

即使身體裡朝氣蓬勃的生殖力量在老化過程中漸減，這也不會停止我們的創造能力，因為真正具有轉化力量的播種是來自心魂。我們內在之中有多少種子沒有分享予世界？若我們去分享，把這些來自我們心魂內在的靈性生命種子，種在我們周遭的環境裡，這世界會變成怎樣？

由感官仲介的愛是創造力量的活水泉源，也是萬物生成化形的活力來源。沒有感官之愛，就沒有任何物質能夠存在；沒有靈性之愛，宇宙演化裡就不會有任何靈性之物生成。當我們操練愛也培植愛，創造力量就流注入世界。[20]

運用靈性真實的生命，我們可以讓垂死枯朽的復活。這不是更高層靈性存有的作為，是我們做到的。靈性在我們之內，也流經我們，於是人成為靈性的通道，為的是要活化這個世界。為了這項任務，人類永恆地受到發展更前進的靈性存有所支持和照顧。我們接收到的所有啟示都是祂們賜予的；我們要奉獻什麼給世界作為回報呢？

靈性進化的所有種子都來自神聖的靈性世界。一旦尋得個人生命所立足的核心大地，我們所能做的最美好的事就是忘卻個人自我，如此天啟才能深入我們內在。於是，在與世界的交流和互動中，我們可以體驗到這些啟示。即使在微不足道的事物中，我們都在回想、憶念靈性世界。如此，日常生活也變得神聖，我們也讓周遭的所有都變得完全。這是我們的創造性任務。

1 原注：引用自魯道夫・施泰納 1919.6.12 演講〈如何聆聽靈性〉（How to listen to the Spirit），收錄於 GA193《生命的意義以及關於基本問題的一些演講》（The Meaning of Life and other Lectures of Fundamental Issues）。

2 原注：引用自魯道夫・施泰納《星辰世界》（The Astral World）。

3 原注：同注 1。

4 原注：同注 1。

5 譯注：以太身即第二章提及的生命身，人類四重組成部份之一。

6 原注：引用自魯道夫・施泰納《如何認識更高層世界》。

7 原注：引用自魯道夫・施泰納〈從空泛說詞到有生命力的言語〉（From Empty Phrase to Living Word），GA192，收錄於《聖靈降臨節與耶穌升天節》（Whitsun and Ascension: An Introductory Reader）。

8 原注：同注 7。

9 原注：同注 1。

10 原注：同注 7。

11 原注：魯道夫・施泰納《尋找大我：為和諧與療癒而冥想》（Greater Self: Meditations for Harmony and Healing），倫敦，Rudolf Steiner Press 2002 出版。

12 原注：魯道夫・施泰納《秘修指引》（Guidance in Esoteric Training: From the Esoteric School），GA245。

13 原注：此處可參考作者的另一本書《內在鍛練之道》（The Inner Work Path）。

14 原注：同注 13。

15 譯注：此處原文為「bodily vehicle」，後文簡省為「vehicle」，經與作者討論，vehicle 意為「媒介、載具」，此處意指一個人入世時所獲得或被給予的生命資糧，包含物質身、生命身和星辰身，以及一部份的自我（較低層的、受到過去世業力影響的那部份），作為承載命運的容器和靈性自我在世界裡開展的媒介，可譯為「身體器皿」或「生命之舟」。

16 原注：同注 6。

17 原注：引用自魯道夫．施泰納《論生與死之間的聯繫》（On the Connection of the Living and the Dead）GA168，1916.11.9。

18 譯注：參見魯道夫．施泰納《如何認識更高層的世界》（光佑文化出版社），另一譯本《秘修學徒的高等靈性修練法門》（柿子文化出版）

19 原注：魯道夫．施泰納《給青少年的教育》（Education for Adolescents），GA302，1922.6.21 的演講。

20 原注：引用自魯道夫．施泰納《愛及其在世界裡的意義》（Love and Its Meaning in the World）GA143，1912.12.17 演講。

推薦「校園內的發展自我課程」

莉莎・羅美洛已經與拜倫角（Cape Byron）華德福學校合作十年，在課堂、個別工作以及小組互動中，提供每一位中學部學生符合其年齡和成熟度的指導。她的專業涵蓋性別與性的所有領域，並且是從人智學的觀點出發。在今日益加複雜的社會與媒體環境裡，她的教學深刻呼應當今世界的需要，帶領學生探索與性別和性相關的敏感議題。配合這些工作，她也針對這個主題和家長對談，並提供學校教職員在這方面的專業發展。莉莎對本校的貢獻卓著，豐富了主課程和學生健康計劃裡的實務內容。學生們在與莉莎的相處中感受到支持並得到力量，我毫不懷疑莉莎的工作使得學生們能夠做出更好的決定，也邁向更健康的未來。

凱蒂・比金（Katie Biggin）
澳洲新南威爾斯拜倫角（Cape Byron）
華德福學校中學校長及英語教師

作者簡介

莉莎・羅美洛（Lisa Romero）著有多本關於內在發展的書，是一位另類療法的健康照護工作者，也是成人教育的講師，從一九九三年以來，提供在人智學啟發下的健康照護和教育等相關課程。二〇〇六年迄今，她的工作主要著重在教授內在發展之道及人智學的冥想方法。透過 Inner Work Path 這個機構，莉莎在社區、學校和全球各地，為個人和專業工作者提供演講、課程、避靜活動。

多年來，莉莎在澳洲雪梨的魯道夫施泰納學院主講「健康與營養」和「男／女性別研究」等課程，她也提供內在發展的研習給該學院的教師群。

自一九九九年開始，莉莎講述關於性別、性、靈性生活等主題。她也與華德福學校合作，提供一部份「健康與福祉」課程，直接與學生、教師和家長就這個主題工作。她協助規劃並擔任「澳洲施泰納學校課綱：健康與個人發展」的諮詢顧問。她為教師和健康專業從業人員規劃了這個主題的訓練課程，以協助專業職能發展。

並在EduCareDo設計與執行〈朝向健康與療癒〉課程共達八年，本課程專門針對各領域治療師和華德福教師，透過在治療和教學方法上的實務應用，深化對人智學的理解。

莉莎在下列組織擔任工作者、講師、理事：Inner Work Path、EduCareDo、Developing the Self- Developing the World、Y Project。EduCareDo是一個遠距教學機構，提供以人智學為基礎的自我覺醒課程。

Developing the Self- Developing the World 提供社區教育，Y Project 則協助年輕人過渡、銜接到健康的社群生活。

關於冥想課程及演講，請查詢 innerworkpath.com

關於性和性別教育，請查詢 developingtheself.org